THE GERMANS OF COLONIAL GEORGIA

1733 – 1783

THE GERMANS OF COLONIAL GEORGIA

1733 – 1783

Revised Edition
George F. Jones

CLEARFIELD

Copyright © 1986 by
Genealogical Publishing Company, Inc.
Baltimore, Maryland
All Rights Reserved.

Revised Edition
Reprinted for
Clearfield Company, Inc. by
Genealogical Publishing Co., Inc.
Baltimore, Maryland
1996, 1999

Library of Congress Catalogue Card Number 86-50482
International Standard Book Number: 0-8063-1161-4

Made in the United States of America

This volume is dedicated to
the R. J. Taylor, Jr., Foundation
in appreciation of its
generous support.

Introduction

This list aims to include all German-speaking inhabitants of Georgia during the colonial period (1733-1783). Most readers will be amazed at the large number of Georgia "Dutch," as the British authorities called them [1]. Several British officials considered the "Dutch" the most numerous single ethnic element in Georgia during the period from 1740 to 1750, more numerous than the English themselves. To be sure, a slightly larger number of British subjects, including the Gaelic speaking Scots, arrived in Georgia than "foreign Protestants;" but most of them seem to have deserted the colony as soon as they could, often before completing their indentures [2]. Many of the English fled from a threatened Spanish invasion in 1742 and did not return; whereas most of the Germans remained behind.

The first large group of Germans in Georgia was a party of Salzburger exiles who had left their Austrian homeland rather than renounce their Lutheran faith and founded a town named Ebenezer on the Savannah River, twenty-five miles above Savannah [3]. The next group consisted of the so-called "Palatines," emigrants from the southern Rhineland seeking refuge from tyranny and economic hardship. The members of the earliest and greatest Palatine emigration to America, that of 1710, had actually come from the Rhenish Palatinate; but, by the time Georgia was founded, the term "Palatine" was loosely applied to all German-speaking redemptioners or workers, even to those known to have come from Wurttemberg, Switzerland, Alsace, or elsewhere. Many Wurttembergers, usually called Swabians, arrived among the so-called Palatines, and these were joined by three transports of Swabians from the Territory of Ulm, who came over at the invitation of the Ebenezer Salzburgers between 1750 and 1752. A "transport," incidentally, was not a ship but a traveling party; it may have shared a ship with another transport, as was the case when the first Moravian transport shared a ship with the first Palatine transport and several other parties.

The Salzburgers of Ebenezer founded dependencies nearby at Abercorn, Goshen, and Bethany, all of which received newcomers from Purysburg, a Swiss settlement across and down the Savannah River. Because many Purysburgers eventually moved to Georgia, many of their names are included in this list. Swiss and Palatines founded the townships of Acton and Vernonburg just south of Savannah, while other Palatines founded German Village at Frederica near the Florida border. Other Germans moved up the Savannah River to Halifax, New Goettingen, and Briar Creek.

The Swiss, who had arrived mostly as "Palatines," scarcely distinguished themselves from the German Reformed. These four major groups, the Salzburgers, Palatines, Swabians, and Swiss will appear below as *Salz, Pal, Swab,* and *Sw*. The distinctions made between them here, however, are often inaccurate if based on contemporary documents, because the British authorities listed all passengers on a given ship by the designation of the principal element, while making no allowance for minority groups. Birthdates may also deviate considerably, being sometimes extrapolated from the ages claimed by the redemptioners and recorded by the ships' captains, who wished them to appear as young as possible. Also, the discrepancy between Old Time (Julian) and New Time (Gregorian) may have caused errors. Whereas the bulk of the "Dutch" were from southern Germany, they were followed by individuals from all parts of the Holy Roman Empire. While most of the large Jewish community were Sephardic Jews from Portugal and Spain, there were a number of Ashkenazim or German Jews, who eventually proved the more valuable asset because all the Sephardim fled from fear of the tender mercies of the Spanish Inquisition, with which some of them were acquainted.

The abundance of documentation on the Georgia Dutch makes it unlikely that many German families have been overlooked in the following list [4]. However, the records are confused and contradictory because the British officials understood no German and made little effort to learn German names. In most cases the scribes settled for the most similar English name or just wrote the name down as it sounded to English ears, with the result that a single name may appear in as many as six widely divergent spellings. Fortunately, the correct forms of mutilated names can often be ascertained from German documents. It is also fortunate that the leader of the Trustees, John Percival, the Earl of Egmont, listed the nationalities of those settlers who arrived between 1733 and 1741 [5]. Without Egmont's references to nationality, we might well fail to recognize names such as Amble, Anderley, Ash, Clements, Crader, Croft, Dice, etc. as being corruptions of German names.

Dialect forms of names can also be confusing. The immigrants from southern Germany used their regional pronunciation and often their regional spelling of their names. For example, many names which have an umlauted *ü* in standard German unround the *ü* to *ie* in southern German dialects; thus Kübler, Küffer, and Kühler become Kiebler, Kiefer, and Kiehler, sometimes written as Keebler, Keefer, and Keeler. Because the Upper Germans pronounce *b, d,* and *g* voiceless, these consonants are confused with *p, t,* and *k,* thus confounding Bichler with Pichler, Dice with Theiss, and Gabel with Cable. In this list umlaut is represented by an *e* following an *a, o,* or *u.*

Far more confusing was the use of Christian names, of which nearly all Germans had two. If the first name was either Johann or Maria, as so many were, then the bearer was usually called by the second, or *Rufname.* Unaware of this usage, the British officials might list Johann Heinrich Grewe as John Graves on one occasion and Henry Groves on another, thus making two people out of one. The opposite might also occur: one name may designate two or more people. If John Henry died in 1745 but received a grant in 1761, then there must have been two men by that name, possibly, but not necessarily, father and son or other kinsmen. For example, even such an unusual name as Theobald Kieffer was shared by two unrelated men, one a Lutheran of Ebenezer and one a Reformed German of Vernonburg. Luckily, such confusion is often solved by pertinent church records. When the *Rufname* is known, the other name appears in parentheses and the person is alphabetized under the *Rufname.*

For some unknown reason the English tended to add an *s* to German names, thus changing Francke, Heid, and Meyer into Franks, Hides, and Myers. In one instance they did the reverse, recording the name Betz as Pet. When a name appears in many variants, this study has applied the philological principle of the *lectio difficilior,* or the more difficult reading. Thus, of the forms Slitman, Sliteman, Sliterman, Slighterman, and Schlechtermann, the last is obviously the best, since no English scribe would have added the two *ch*s and the superfluous *n*. By observing the incorrect anglicized forms, which are listed along with the correct German ones, the reader can quickly see the types of errors made by the English scribes.

Because of the high infant mortality and the dearth of records (except for a short period at Ebenezer), no attempt has been made to list infants unless there is some indication that they reached maturity. The birth of some children is recorded, however, under the name of their mothers. Women are listed under both their maiden and their married names, the former being in parentheses in order to avoid duplication in statistical studies.

It should be noted that there were probably fewer grants than indicated, because as many as three dates may refer to a single grant: one for the petition, one for the granting, and a third for a subsequent confirmation. This is especially true of the year 1755, in which the new governor, John Reynolds, confirmed all previous grants. In the same year all earlier cattle brands were reconfirmed in the *Cattle Brand Book.*

Among the most important sources of German names in colonial Georgia are the following, all of which are identified in the list of abbreviated titles. The *Colonial Records of the State of Georgia* (CR) contain most ship manifests, most land grants, and many references to the Trustees' indentured servants. Like Egmont's list, they tend to mutilate the German names, but these mutilated forms can often be corrected by recourse to Samuel Urlsperger's *Ausfuehrliche Nachrichten* (AN), the first nine volumes of which have been translated in the *Detailed Reports* (DR). Birth, marriage, and death records survive for Ebenezer for the years from 1756 to 1781, and many names are found in the previously mentioned *Cattle Brand Book* (CB) and in a series of publications recording the land grants made in the various parishes, the most important for our purpose being those for St. Matthews (ECGM) and Christ Church (ECGC). An *Index to Probate Records of Colonial Georgia 1733-1778* (PR) leads the reader to a vast trove of manuscripts in the Georgia State Archives in Atlanta. Page numbers are not given for sources that are indexed or arranged alphabetically.

In conclusion, the compiler wishes to apologize to genealogists for the form of this list, which was planned, not as a genealogical aid, but as a worksheet for identifying Germans for statistical purposes. One subject may receive much more documentation than another merely because he was the object of some particular research. The aim of this present list is to give an identity to all German-speaking people hidden behind the various garbled versions of their names and, where possible, to give their relationships and their European origins. For this last purpose, not only their family names but also their Christian names have been put into their German forms, the correct form being necessary for locating the names in European archives. The compiler will be most obliged for any additions or corrections with appropriate documentation (Department of German, University of Maryland, College Park, Md. 20742).

This list is a by-product of twenty years of research supported first by a series of grants from the American Philosophical Society and then by two grants from the National Endowment for the Humanities. I am deeply indebted to the University of Maryland for financial support and particularly for its liberal research policy; and I also wish to thank the R. J. Taylor, Jr. Foundation for encouragement.

George Fenwick Jones
University of Maryland

---

1. This common 18th-century word is convenient for designating all speakers of High German, be they from the Palatinate, Alsace, Wurttemberg, Switzerland, Austria, or other parts of the Holy Roman Empire.
2. Both the German leaders and the British officials agreed on this point. Evidence of the preponderance of German settlers will appear in my forthcoming *The Georgia Dutch*.

3. For further details on the Salzburgers, see George F. Jones, *Salzburger Saga* (Athens: University of Georgia Press, 1983).
4. When the completed list was compared with the *Index to the Probate Records of Colonial Georgia 1733-1778*, only a handful of new names appeared, and several of these were erroneous.
5. Egmont's list is preserved in the Special Collections of the University of Georgia. It has been published by E. Merton Coulter and Albert B. Saye as *A List of the Early Settlers of Georgia* (Athens: University of Georgia Press, 1949).

Introduction to Revised Edition

Now that ten years have elapsed since the publication of the first edition of this list, new materials have come to light necessitating a new edition. While many names have been added, only a few have been deleted. Among these deletions was the large Stirk family, which has long been claimed as German by German-American historians. It has now been discovered that, in applying for his first land grant, Benjamin Stirk, the first of the family, stated that he was "lately come into the Province from England." Likewise, the Tanners have been dropped, not because there is any evidence that they were not Germans, but only because there is no proof that they were.

The only change of policy between the first and revised edition concerns the recording of births in the Ebenezer Church records. Previously, infants were listed only when documents proved that they reached maturity. Now they are listed unless documents prove their early demise, for some of these children may have moved from the area and reached maturity in other areas, where they will be of genealogical interest.

An important advance in this edition is the solving of many cases of fission and fusion. That is to say that it can now be proved in some cases that a single name represented two persons, while in other cases two names represented but a single person, a confusion caused by the varied use of the previously mentioned Rufname. (A reader in California wrote to me that he could not believe that the Ebenezer pastors would have allowed his ancestors to sire children alternately by two different women, a complaint that caused me to search until I could prove that there were two men of child-siring age carrying the same name in Ebenezer at that time.)

In compiling this list, no recourse was made to *An Index to the Georgia Colonial Conveyances and Confiscated Land Records, 1750–1804* because most of the German names in it are unreliable as a result of their distorted and misleading forms, a single name sometimes appearing several times in scarcely recognizable versions. In comparing this voluminous source (some 40,000 references) with our revised list, it appears that it included scarcely a half-dozen German-appearing names not found in the shorter list, and these may well have come to Georgia after our cut-off date of 1783.

George Fenwick Jones
Prof. Emeritus, U. of Md.

Abbreviations of Works Cited in the List

AWC = *Abstracts of Colonial Wills of the State of Georgia 1733–1777.* Office of Secretary of State, State of Georgia. Atlanta, 1962.

AofG = *Annals of Georgia*, ed. Caroline Price Wilson. Georgia Genealogical Reprints. Vidalia, Ga., n.d. To be used with caution for the 18th century. Copious records trace the assimilation of the Effingham County Germans.

AWCC = *Abstracts of Wills, Chatham County Ga.*, ed. Mabel Freeman Lafar. Savannah, 1933.

CB = *Cattle Brand Book.* Colonial Records of Georgia, Marks & Brands Book K. Georgia State Archives.

CBJ = *Abstracts of Colonial Book J 1755–1762*, compiled by George Fuller Walker. Atlanta, 1978.

CCB = *Abstracts of Georgia Colonial Conveyance Book C–I (1750–1761)*, ed. Francis Howell Beckemeyer. Atlanta, 1975.

CGHS = *Collections of the Georgia Historical Society.*

CR = *Colonial Records of the State of Georgia,* ed. Allen D. Candler. Atlanta, 1904 ff.

CSS = *Colonial Soldiers of the South 1732–1774,* ed. Murtie Jane Clark. Baltimore: Genealogical Publishing Co., 1983. Lists of Militia, pp. 947–1007; list of Rangers, 1009–1070.

DR = *Detailed Reports on the Salzburger Emigrants,* ed. George F. Jones. Athens: U. of Ga. Press, 1968 ff.

DGB = *Dictionary of Georgia Biography,* ed. Kenneth Coleman and Charles Stephens Gurr. Athens, 1983.

E = Egmont's list of Georgia inhabitants (Egmont Papers, U. of Ga.). These names have been alphabetized in *A List of the Early Settlers of Georgia,* ed. E. Merton Coulter and Albert B. Saye. Athens: U. of Ga. Press, 1949.

EC = *Entry of Claims for Georgia Landholders 1733–1755,* compiled by Pat Bryant. State Printing Office, Atlanta, 1975.

ECGA = *English Crown Grants in St. Andrews Parish in Georgia 1755–75,* ed. Pat Bryant. State Printing Office, Atlanta, 1972.

ECGC = *English Crown Grants in Christ Church Parish in Georgia 1755–1775,* ed. Marion R. Hemperley. State Printing Office, Atlanta, 1973.

ECGI = *English Crown Grants for Islands in Georgia 1755–1775,* ed. Pat Bryant. State Printing Office, Atlanta, 1972.

ECGM = *English Crown Grants in St. Matthews Parish in Georgia 1755–1775,* ed. Marion R. Hemperley. State Printing Office, Atlanta, 1974.

ECGP = *English Crown Grants in St. Pauls Parish in Georgia 1755–1775,* ed. Marion Hemperley. State Printing Office, Atlanta, 1974.

EP = List of Palatine passengers in the Egmont Papers, University of Georgia Libraries.

ERB = *Ebenezer Record Book,* ed. George F. Jones and Sheryl Exley. Baltimore: Genealogical Publishing Co., 1991.

FB = Albert Faust and G. M. Brumbaugh, *Swiss Emigration in the Eighteenth Century.* Baltimore: Genealogical Publishing Co., 1976.

Fries = Adelaide Fries, *The Moravians in Georgia.* Winston-Salem, 1967.

GCC = *An Index to Georgia Colonial Conveyances and Confiscated Land Records, 1750–1804.* R. J. Taylor, Jr., Foundation. Atlanta, 1981.

GCS = Robert S. Davis, Jr., *Georgia Citizens and Soldiers of the Revolution.* Easley, S.C., 1979.

GD = George F. Jones, *The Georgia Dutch.* Athens: U. of Ga. Press, 1992.

Hacker = Werner Hacker, "Auswanderer aus dem Territorium der Reichsstadt Ulm," in *Ulm und Oberschwaben* 42/43 (1978), 161–257.

Inv = *Book E, Colonial Estate Inventories 1754–1770.* Record Group 49, Series 6, Georgia State Archives.

MS = Malcolm M. Stern, "New Light on the Jewish Settlement in Savannah," *The American Jewish Historical Quarterly* 52 (1963), 196–197.

MSG = Memorial of the State of Georgia to the Continental Congress, dated Sept. 26, 1777. Papers of the Continental Congress 1774–1789.

MUHL = *The Journals of Henry Melchior Muhlenburg,* Vol. 2, ed. Theodore Tappert and John Doberstein. Philadelphia, 1948.

Pfister = Hans Ulrich Pfister, "Züricher Auswanderung nach Amerika 1734/1735. Die Reisegruppe um Pfarrer Moritz Götschi," *ZürcherTaschenbuch auf das Jahr 1986.*

PR = *Index to Probate Records of Colonial Georgia 1733–1778.* R. J. Taylor, Jr., Foundation. Atlanta, 1983.

RR = *The Revolutionary Records of the State of Georgia,* ed. Allen D. Candler. 3 Vols., Atlanta, 1903.

SalzSaga = George F. Jones, *The Salzburger Saga.* Athens: University of Georgia Press, 1983.

Wiegandt = Otto Wiegandt, "Ulm als Stadt der Auswanderer," *Ulm und Oberschwaben* 31 (1967), 88–125.

Transports

	Unit		Ship	Captain	Date of Arrival
1.	1st Salz		*Purrysburg*	Tobias Frye	12 Mar. 34
2.	2nd Salz		*Prince of Wales*	George Dunbar	28 Dec. 34
3.	1st Moravians		*Two Brothers*	Wm Thomson	6 April 35
4.	1st Palatines	a.	*Two Brothers*	Wm Thomson	6 April 35
		b.	*James*	John Yoakley	1 Aug. 35
		c.	*Georgia Pink*	__ Daubaz	27 Nov. 35
5.	2nd Mor		*Simonds*	Joseph Cornish	17 Feb. 36
6.	3rd Salz		*London Merchant*	John Thomas	17 Feb. 36
7.	2nd Pal		*Three Sisters*	__ Hewitt	20 Dec. 37
8.	3rd Pal		*Two Brothers*	Wm Thomson	7 Oct. 38
8a.	Sanftleben Party		*Charles*	__ Haeramond	27 June 39
9.	4th Salz		*Loyal Judith*	John Lemon	2 Dec. 41
0.	1st Swiss		*Europa*	John Wadham	4 Dec. 41
1.	4th Pal		*Judith*	Walter Quarme	22 Jan. 46
2.	5th Pal		*Charles Town Galley*	Peter Bogg	2 Oct. 49
3.	1st Swabian		*Charming Martha*	Chas Leslie	29 Oct. 50
4.	2nd Swab		*Antelope*	John McClelland	23 Oct. 51
5.	3rd Swab		*Old Berry*	Henry Brown	27 Nov. 52

Miscellaneous Abbreviations

ar	arrived	m	married
bro	brother	mo	mother
conf	confirmed	pres	present
d	daughter	s	son
dd	died, dead	sis	sister
dep	departed	spon	sponsor
fr	from	sv	servant to
gr	grant	w	wife
h	husband	wid	widow
leg	legacy	wit	witness

NAME LIST

Ackermann, Sara, administratrix (PR)
Adam (Odum), Abraham I, gr 67 St Math (CR 10 PR ECGM)
Adam (Odum), Abraham II, gr 64 St Math (PR ECGM)
Adam, Jacob (PR)
Aigel, see Eigel
Ade (Adde), Friedrich, s Salomo, 4l pres (DR8)
Ade, Johann (Heinrich), 1735, Pal, t8, s Salomo (E EP CR 30 DR 8 GD)
Ade, Margaretha, 1706, Pal, t8, w Salomo, 4l pres (E EP GD CR G 8 30)
Ade, (Hieronymus) Salomo, 1708, t8, Swab fr Tuebingen, 47 dep for Saxe-Gotha (E EP CR 30 DR 8 GD)
Aingere, Johann Michael (CR 7 30 GD)
Aland, Georg, 63 wit (ACW 16)
Alfstetter, see Hoffstaetter
Almann, Anna Magdalena, née Folcker, 56 m Matthias (ERB)
Almann, Matthias von, 56 m Anna Magdalena Folcker (ERB)
Almann, Philip, gr 68 Little Ogeechee (CR 10 PR)
Alfsteter, see Hoffstaeter
Alther, Amalia, née Schiermeister, 54 m Johann I, 55 wid, 70 will (ACW PR)
Alther, Jean (CR 24) Probably = Johann
Alther, Johann, Swiss fr St. Gall, butcher in Sav, gr 48, 54 m Amalia Schiermeister, 55 CB Sav, 55 will, dd 55 (CCB AG 515 CR 23 27 EC DR 8 13 PR CBJ GD)
Alther, Josef, s Johann, gr 56 69 Christ Church, 75 leg (SCW 1 EC ECGC I, CR 23 CCB Inv ACW 1 CR 23 24 PR ECGC ECGI CBJ GD)
Alther, Ulrich, 56 petition rejected (CR 7)
Alther, William, 62 gr Christ Church (CR 8 ECGC)
Ambar, Catharina (ERB)
Ampel, (Ambuehl?), Johann, Pal, gr 42 Vernonburg (E CR 1 5 GD)
am Stein, Anna Maria, 1713 Sw, w Caspar, ar 4l (CR 30)
am Stein, Caspar, 1713 Sw, t10, h Anna Maria, ar 41 (CR 30 Pfister)
Arnd, Johann (PR)

Arnsdorff, Andreas Lorentz, 1677, Pal, t6, h Dorothea, dd 37 (E DR 3 4 6 13)

Arnsdorff, Barbara, 2nd w Peter, 57 d Dorothea, 59 s Johann Georg, 61 s Jonathan (ERB)

Arnsdorff, Catharina Dorothea I, Pal, t6, wid Andreas, 41 m Josef Leitner [DR 5 6 8 GD])

(**Arnsdorff**, [Catharina] Dorothea II, 1733, t6, d Andreas, 38 in orphanage, 47 conf [DR 5 6 8])

Arnsdorff, Catharina Dorothea III, née Holtzer, Austrian, t6, 1st w Peter, dd 51 (DR 15)

Arnsdorff, Johann Georg s. Peter (ERB)

Arnsdorff, Jonathan (1761), s Peter, m wid Christina Elisabetha Schrempf, 78 mil (GCS ERB)

Arnsdorff, Lorentz (EC)

(**Arnsdorff**, Magdalena, t6, d Andreas, 40 m Sanftleben [DR7 GD])

Arnsdorff, Maria Margaretha, 1727, d Andreas, t6, 41 pres (DR 6)

Arnsdorff, (Johann) Peter, 1723, Pal, t6, s Andreas, h Catharina, h Barbara, gr 57 (E CR 3 EC DR 6 14 ERB ECGM GD)

Arnsdorff, Sophia (Catharina), 1725, Pal, t6, d Andreas, 38 in orphanage, 41 pres (DR 5 6)

Arnstein, see am Stein

Arnsthoffer, see Arnsdorf

Aschbacher, Hanna, w Matthias, gr 60 (ECGM)

Aschbacher, Mary, w Matthias, 61 spon (PR ERB)

Aschbacher, Matthias, h Mary, 59, 61 spon, 61, 73 gr St. Math (ECGC ECGM ERB PR GD)

Ash, Aspack, see Aschbacher

Ashpergh, Aschperger, see Eischperger

Aspacher, see Aschbacher

Augspurger, Samuel, 1692, Sw fr Bern, gr 60 St John, 61 St James (ECGI CR 8 29 30 39)

Austeter, see Hoffstaeter

Bach, Gabriel, Swab, t2, 40 m Margaretha Staud, dd 40 (E EC CR 9 DR 1-8 GD)

(**Bach**, [Hanna] Margaretha, 75 m Benjamin Glaner [ERB])

(**Bach**, Margaretha, 1718, Pal, t7, née Staud, 40 m Gabriel, ca 41 m Leinberger [DR 7 GD])

Bacher, Anna Maria, Salz fr Gastein, t9, w Balthasar, dd 47 (E CR 30 DR 8 9 11 12)

Bacher, Apollonia, 1729, Salz, t2, d Thomas, 4l pres (E DR 6-8)

Bacher, Balthasar, Salz fr Gastein, 1715, t9, bro Thomas, h Anna Maria, m Gertraut, gr 57 Eb 55 CB Ab (E CR 6 27 30 EC ECGM ERB DR 8 9 11-13 15 GD)

Bacher, Christina, née Langecker, 1693, Salz fr Gastein, t9, w Matthias, gr 50, dd 53 (E CR 30 DR 9 10 15)

Bacher, Christina Elisabetha, 1758, d Balthasar (ERB)

Bacher, Gertraut, 2nd w of Balthasar, 49 d, 58 d Christina Elisabetha (ERB)

Bacher, Maria I, née Schweiger, Salz, t2, w Thomas (E AG 63 E DR 6-10 13 14 GD)

(**Bacher**, Maria II, Salz, 1727, t2, d Thomas, 4l pres, 52 m Balthasar Rieser [DR 6])

Bacher, Maria III, Salz, d Matthias, wid Meyer, 42 m Theobald Kieffer II, dd 65 [D 9] AG 33)

Bacher, Matthias, 1686, Salz fr Gastein, t9, h Christina, dd 42 (E EC CR 30 DR 6 8 9 GD)

(**Bacher**, Sibilla, m Bartholomaeus Zant [DR 11 12])

Bacher, Thomas, Salz, t2, bro Balthasar, h Maria, dd 48 (E EC DR 2-4 6-10)

Back, see Bach

Backer, see Bacher,

Backler, Balthasar, gr 57,

Backler, Ezekiel, planter at Mt. Pleasant, gr 57 Ebenezer, 59, 60 sells Ebenezer property (CR 7 9 CBJ PR ECGM)

Backler, Johann Matthaeus, 62 Ranger (CSS)

Backley, see Bechtle

Baechle, see Bechtle

Bader, Anna Barbara, Swab fr Weidenstetten (Hacker 239)

Bader, Matthias, Swab, t13, gr 52, ret to Germany by 54 (CR 27 Hacker 196)

Bandley, see Bentli

Barisch, Matthaeus, Moravian, ar 36 (E)

Bart, Thomas ??, 62 Ranger

Bassinger, Barbara, w Johann, 73 s David (ERB)

Bassinger, David, 1773, s Joh (ERB)

Bassinger, Johann, h Barbara (ERB)

Bate, Bates, see Betz

Bauer, Andreas, 1708, Austrian, t6, dd 36 (E CR 20 DR 3 6)

Baugh (Bach?), Elisabetha, 6l housekeeper to Edw Somerville (PR CBJ)

Baumann, Conrad, fr Wurttemberg, t12, sv Matthias Brandner, dd 50 (CR 26)

Bealers, see Buehler

Bear, see Tubear

Bearman, see Bohrmann

Bechle, see Bechtle.

Bechtle, Anna Margaretha, 1761, d Joh Geo (ERB)

Bechtle, Anna Maria, 1767, d Joh Geo (ERB)

(**Bechtle** [Bechtol], Christina Elisabetha, 73 m Jacob Buehler [ERB])

Bechtle, (Eva) Barbara, w (Johann) Georg, 57 d Maria Magdalena, 59 d Maria Catharina, 6l d Anna Maria, 64 s Jonathan, 65 s Obadjah, 67 d Anna Maria, 70 s David (ERB)

Bechtle, David, 1770 s Georg (ERB)

Bechtle, (Johann) Georg, Swab fr Langenau, t12, h Eva Barbara, gr 60 Bethany; 79 spon, 83 pres (CR 8 EC PR ECGM ERB)

Bechtle, Jacob, Swab fr Langenau by Ulm, s Georg, dd 54

Bechtle, Johann Matthaeus, 63 Ranger (CSS)

Bechtle, Jonathan, 1764, s Joh Geo (ERB)

Bechtle, Maria Catharina, 1759, d Joh Geo (ERB)

Bechtle, Maria Magdalena, 1757, d Joh Geo (ERB)

Bedenbach, see Biddenbach

Beeler, see Buehler

Bellet, Georg (?), gr 60 Christ Church (ECGC)

Bellet, Johann Noah, 5l bought plantation at Vernonburg (CCB)

Belli, see Belti

Belligout, Johann, Pal, gr 42 Vernonburg (CR 6)

Belti, Anna, 1714, Pal, t7, w Johann (E)

Belti (Belli), Anna Barbara, 1733, Pal, t7, d Johann, dd 37 (E EP)

Belti, Johann, 1707, Pal, t7, h Anna (E EP)

Beltschauser (Boltschauster), Elias, 1735, Sw, t10, s Jacob (E CR 30)

Beltschauser, Hans Jacob, 1736, Sw, t10, s Jacob (E CR 30)

Beltschauser, Heinrich, 1737, Sw, t10 (E CR 30)

Beltschauser, Jacob, 1696, Sw, tl0, h Ursula (E CR 30)

Beltschauser, Ursula, 1696, Sw, tl0, w Jacob, dd 4l (E CR 30)

Beltz, Elisabetha, 1739, Sw, t10, d (Hans) Ulrich (E CR 30)

Beltz, Margaretha, 1718, Sw, t10, w (Hans) Ulrich (E CR 30)

Beltz, Sigismund, gr 54, 59 Savannah, 59 Vernonburg (CR 8 EC ECGC Inv GD)

Beltz, (Hans) Ulrich, 17ll, Sw, t10, gr 42 Hampstead, h Margaretha (E CR 2 5 23 27 30))

Beltzenhagen, Martin, gr 52 (CR 27)

Bender, Christoph, 1692, Pal, t8, uncle of Elisabetha (E EP)

Bender, Elisabetha, 1714, Pal, t8, niece of Christoph, dd 40 (E EP)

Bender, Georg (?) (CR 8)

Bener, Michael, planter St George, 67 wit, 75 will (ACW 134 ACW 12 PR)

Bentli, Agatha, German, t4b (E CR 2 GD)

Bentli (Bantli), Jacob, late of S.C., 54 gr Little Ogeechee (CR 6 27)

Bentz, Heinrich Ludwig, 74 pres

Bentz, Karl, gr 74 St. Paul (ECGP GD)

Bentz, Mark, gr 50 Eb, 53 Ebenezer, 56 Christ Church (CR 6 27 ECGC)

(**Berenberger**, Margaretha, Salz, t8a, 40 m Zimmerebner [E CR 30 DR 6 7 8])

Berger, Johann, 49 buys lot Vernonburg, 58 buys lot Sav (CCB CBJ CR 8 GD)

Berger, Maria Anna, w Peter, 78 leg (AWCC 72)

Berger, Peter, h Maria Anna, gr 6l St Math, dd by 79 (AWCC 72)

Berghoffer? (Berhofter), Johann, 42 Vernonburg (CR 23 GD). Same as Berger?

Bergsteiner, see Burgstciner

Berker, J. Jazz (?), endorses Chiffelle (CR24:33)

Berrier, Anna Christina, Pal, 1735, d Johann (E EP)

Berrier, Jacob, gr 44 (EC CR 27)

Berrier, Joerg, Pal, 1725, t7, s Johann (E EP)

Berrier, Johann, 1703, Pal, t7, h Magdalena, 53 gr Vernonburg, 59 lot Sav (E EP EC CR 6 27 30 CCB GD)

Berrier, Johann Devolt, 1727, Pal, t7, s Johann (E EP)

Berrier, Johann Peter, 1733, Pal, t7, s Johann (E EP)

Berrier, Margaretha, 1730, Pal, t7, d Johann (E EP)

Berrier, Maria Magdalena, 1709, Pal, t7, w Johann (E EP)

Beth, see Both

Betz (Pates), (Johann) Caspar, s Hans Georg, t11, Pal., land at Abercorn, gr 57 Sav, 60 Christ Church, Wilmington Island (CR 7 8, 31 EC ECGI ECGC GD)

Betz, Catharina, w Hans Georg, t11, River Ness (CR 31)

Betz (Bate, Petts, Pates), Hans Georg, h Catharina, t11, gr Goshen (CR 30 31 EC)

Betz, (Johann) Michel, 1733, Pal, s Hans Georg, t11, 60 gr Christ Church, Wilmington (EGCC ECGI CR 8 31 GD)

Betz, Rosina, 1737, d Hans Georg, t11 (CR 31)

Bichler, (Johann) Gottfried, s Thomas, 4l pres (DR 8)

Bichler, Margaretha, née Kieffer, 38 m Thomas, dd 39 (DR 5-10)

Bichler, Maria I, 1708, Salz, t2, lst w Thomas, dd 38 (E DR 3-6 GD)

(**Bichler**, Maria II, née Bacher, 1722, Salz, t9, d Matthias, 41 m Thomas Bichler, dd 41 [DR 7 15])

Bichler, Thomas, Salz fr Radstadt, t2, h Maria I, 38 m Margaretha Kieffer, 41 m Maria II, née Bacher, dd 5l (E EC DR 2-4 13 15 GD)

Biddenbach, Andreas, 74 pres, 82 pres, dd before 91

Biddenbach, Anna, 1741, née Paulus (Paulitsch), 70 m Matthaeus, 73 d Catharina, 75 d Margaretha, 77 s Matthias, dd 78 (ERB)

Biddenbach, Anna Margaretha, w Matthaeus, 55 s Johann Adam, 57 s Christian, 60 s Nathan, 62 d Anna Catharina, 64 d Anna Margaretha, dd 70 (ERB)

Biddenbach, Apollonia, wid Kieffer, 78 m Matthaeus (CR 2 EC ERB)

(**Biddenbach**, Catharina, d Christian, 63 m J J Grabenstein, 67 spon [ERB])

Biddenbach, Christian I, 1710, gr 59 Bethany, dd 70 (EC ECGM ERB)

Biddenbach, Christian II, gr 65 St Math, administered estate (AoGa 17 ECGM ERB)

Biddenbach, Matthaeus, h Anna Margaretha, gr 59, 62, 65 Bethany, 70 m Anna Paulitsch, 78 m Apollonia Kiefer, 74 pres, dd 93 (CR 28 II EC ECGM ERB GD)

Biddenbach (Beedenbach), Sophia, Ebenezer, 60 spon, 75 leg (ACW 21 ERB PR)

Bietz, Siegismund, land near Abercorn (CR 7 PR)

Bihner, see Buehne

Biltz, see Piltz

Bineker, Christina, 1728, Pal, w Ulrich, t8, d J Friedrich (E EP CR 6 GD)

Bineker, (Johann) Friedrich, 1703, Pal, t8 (E EP CR 6 GD)

Bineker, (Johann) Ulrich, 1731, Pal, t8, h Christina (E EP CR 6 GD)

Binninger, see Buenninger

Birck, see Buerck

(Birckholt[zer], Anna Regina, d Johann Georg, 64 m J Jaeckli [ERB])

Birckholt[zer], Johann Georg, Swab, t 13, gr 51 (CR 8 27 DR14 ECGC CBJ)

Birk, see Buerck

Birkholt, ____, ar 50, settled near Savannah (DR 14)

(Bischoff, Anna Maria, 1699, Pal, t8, m Grimmiger [E EP DR 6 7 GD])

Bischoff, Heinrich, see Bishop

Bishop, (Sibilla) Friederica, née Unselt, Pal fr Purysburg, w Henry Bishop, sv Boltzius (DR 8 GD)

Bitner, Josef, 61 spon (ERB)

Blasse Blessi, see Plessi

Blessing (Blessing), Johann, gr 52 (ECGC)

Blessing, Leonhard, Pal, t12, sv Johann Maurer, gr 52 (EC CR 26)

Blinne, see Blume

Blitz, Anna 59 spon (ERB)

Bloom, see Blume

Blume, Dorothea, née Rheinstettler, Pal, w Valentin (E CR 6)

Blume, Valentin, 1710, Pal, t7, h Dorothea (E EP CR 6 EC GD)

8

Blunt, Jacob, gr 75 St Math (ECGM)

Boarman, see Bormann

Boehler, Petrus, Moravian missionary, ar 38, dep 48 (Fries DR 5 6 8 GD), see Buehler

Boehne, Josef, Moravian, ar 38, dep 40 (Fries)

Boehnisch, Matthias, Moravian, ar 36, dd 36 (Fries)

Bollinger, Barbara, Swab, t13, w Georg, 56 d Friederica Margaretha, 59 d Friederica Margaretha, dd 67 (CR 26 ERB)

Bollinger, (Maria) Catharina, administratrix (PR)

(Bollinger, Elisabetha, d Georg [AWCC])

Bollinger, (Johann) Georg I, Swab, h Barbara, t13, gr 52, 59 Bethany, 74 pres 75 wit (CR 26 27 EC ECGC AWCC 78 ERB PR)

Bollinger, Johann Georg II, 1764, s Joh Geo I (ERB)

(Bollinger, Magdalena, 1740, Swab, t13, 65 m L F Ebinger [CR 26 ERB])

Bollinger, Walburga, 1740, d Georg, dd 69 (ERB)

Boltzius, Catharina Maria, 1736, d Johann Martin, 66 leg, dd 78 (ACW 14 ERB PR)

Boltzius, Christina Elisabetha, 1741, d Johann Martin, dd 50 (ERB GD)

Boltzius, Gertraut, Salz, née Kroehr, 1718, tl, 35 m Johann Martin, dd 77, 66 leg (ACW 14 ERB PR GD)

Boltzius, Gotthilf Israel, 1739, s Johann Martin, 53 dep for Halle, 66 leg, dd by 74 (ACW 14 PR GD)

Boltzius, Johann Martin, 1703, Forst, Lusatia, tl, 35 m Gertraut Kroehr, gr 47, 50 52, 55 CB Ebenezer, gr 55, 59 60; 63 will (EC ACW 14 ECGM Inv PR GD)

Boltzius, Samuel Leberecht, 1736, s Johann Martin, dd 50 (ERB GD)

Bormann, Agnesia, d Michael I, 7l leg (ACW 13 ERB PR)

Bormann, Eva Maria, w Michael I, Pal, tll, 57 s Gotthilf, 59 d Christina (CR 31 ERB)

Bormann, Gotthilf, s Michael (ERB)

Bormann, Hanna, d Michael I, 7l leg (ACW 13 PR)

Bormann, Maria Magdalena, 2nd w Michael, 74 spon, 7l leg (ACW 13 ERB PR)

Bormann, (Johann) Michael I, Pal, tll, h Maria Magdalena, gr 48, 55 CB

Goshen, gr 57 Goshen, 57 gr Skidoway, 60 gr Goshen, 61 gr, 70 gr Christ Church; dd 71, 71 will (CR 10, 30, 31 EC ECGC ECGM ACW 13 ERB PR GD)

Bormann, Michael II, Pal, s (Johann) Michael I, 57 CB Goshen (CR 10 ERB)

Bornemann, Benjamin Wilhelm, 1751, fr Goettingen, s (Johann) Christoph, ar 52, gr 61 St George, 75 pres (CR 28 I Muhl GD)

(Bornemann, Carolina Magdalena, née Greve, fr Goettingen, 46 m [Johann] Christoph, 48 s Heinrich Wilhelm, 50 d Augusta Carolina, 51 s Benjamin Wilhelm, ar 52, 55 d Henrietta, 57 d Louisa, 58 m J C Greiner [ERB GD])

Bornemann, (Johann) Christoph, 1716, fr Goettingen, h Carolina Magdalena, ar 52, gr 52 Goettingen in Halifax, dd 57 (CR 6 Inv ERB PR GD)

Bornemann, Louisa, 1757, d (Johann) Christoph, 73 wit (PR)

Bortz, see Portz

Bothe (Beth, Booth), Eva Maria, née Ziegler, 54 m Johann Caspar (ERB)

Bothe, Johann Caspar, 49 pres, 54 m Eva Ziegler, gr 53 Go, 55 sells to Friedrich Treutlen, gr 58 (EC CCB ERB)

Botzenhard, Bartholomaeus, fr Langenau by Ulm, t13, ret to Germany (CR 27 GD)

Botzenhard, Georg, Swab fr Langenau by Ulm, t13, gr 52, returns to Germany

Botzenhard, Martin, Swab fr Langenau by Ulm, t13, ret to Germany (probably the same as Georg)

Bourgholder, see Burckhalter

Brabant, Isaac (?), 53 buys lot Sav, 63 will (PR CCB ACW 16)

Brachfeld (Brakefield), Elisabetha, Pal, w Johann Wendel, 48 Goshen (CR 31 ECGM)

Brachfeld (Brakefield), Johann Wendel, Pal, tll, h Elisabetha (CR 31:467)

Braeuniger, Conrad, Sw, ar 36 (CR 20 unpublished)

Braeuniger, Johann Adam, Sw, ar 36 (CR 20 unpublished)

Brahm, (Johann) Wilhelm (Gerhard) de, fr Koblenz, t14, gr 52, 56 Sav, 58 51 Ebenezer, 64 dep, dd 99 (CR 6 27 EC ECGC PR GD)

Brahm, Wilhelmina de, t14, w Wilhelm, gr 52, 64 dep, dd 75 (GD)

Brahm, ____ de, d JWG, 65 conf (AG IV 35)

Brandenberger, Hans Conrad, Sw, t4a (CR 20 unpublished)

(**Brandner**, Hanna Elisabetha, d Matthias, 59 conf, 64 m J Flerl, dd 73 [ERB])

Brandner, Maria I, née Herl, 1703, Salz, t2, w Matthias, 36 d Maria, dd 68 (DR 6)

Brandner, Maria II, 1736, d Matthias, 49 pres, 52 conf, m Josef Schubdrein (DR 2-6 8 15 ERB GD)

Brandner, Matthias, Salz fr Werffen, t2, h Maria I, 56 CB Eb, gr 57 Mill District, 59 St Math, dd 65 (E CR 7 8 CB EC DR 1-3 6 13 14 ERB GD)

(**Brandwein**, Catharina, 61 m J G Zittrauer [ERB])

Braunberger, Matthias, Bavarian, 1703, t1, dd 34 (E DR 1 6 GD)

Brauniger, Johann Abraham, Sw, ar 36 (CR 20 unpublished GD)

Breekner, see Brueckner

Breitfuss, Peter, Salz, signs letter 13 Feb 38 (AN I:978 CR 22 I)

Bremen, Maria, Pal, t7, mo of Maria Magdalena (E)

Bremen, Maria Magdalena, Pal, t7, d Maria (E)

(**Brickl**, Barbara, 1717, Salz fr Saalfeld, t9, 42 m Schrempff, dd 42 [IE CR 30 DR 7 9])

Briesser, Nathan (?), 76 wit (ACW 50)

Briest, (Johann) Friedrich, 69 m wid Rebecca Faul (CR 10 11 ERB). Deserter fr His Majesty's Regt. of Foot (Archives Proclamation Bk 1754 1794, pp. 128-129 ERB)

Briest, Rebecca, wid Faul, 69 m Johann Friedrich (ERB)

Broesing, Andreas, Moravian, ar 75, dep 76 (Fries)

(**Brueckner**, Friederica Catharina, d Georg, gr 57, 63 m J M Rheinlaender, gr 57 Eb [EC ERB])

Brueckner, Friedrich, s Georg, gr 57 Eb (CR 7 EC ECGM)

Brueckner, Georg, Salz fr Radstadt, t2, 39 m Johanna Margaretha Mueller, gr 50, dd 52 (E DR 3 5-15 CR 27)

Brueckner, Heinrich Jacob Christoph, will (PR)

(**Brueckner**, (Anna) Margaretha, née Mueller, 39 m Georg, 57 m Christoph Kraemer II [ICR 6 7 9])

Bruehl, Barbara, 1718, Pal?, ar 41 (E)

Brunner, Philip Jacob, wit 61, 66 (GCC)

Brunner, Ursula (Priscila Brunier), 75 gr

Buckhalter, see Burckhalter

Buckhart, see Burckhart

Bucksteiner, see Burgsteiner

Buehler (Beeler), Christina Elisabetha, née Bechtol, 73 m Jacob, s Jacob 78 d Johanna, Juliana, 81 d Juliana Christina (ERB)

Buehler, Jacob I, 73 m Christina Elisabetha Bechtol, 74 pres, 75 wit, 78 Mill District, 81 tavernkeeper in Ebenezer (ACW 118 PR GCS 87 ERB MSG GD)

Buehler, Jacob II, 1774, s Jac I (ERB)

Buehler, Johanna Juliana, 1778, d Jac I (ERB)

Buehler, Juliana Christina, 1781, d Jacob (ERB)

Beuhler, Maria, 1778, adopted by Jac I (ERB)

(**Buehler**, Maria Elisabetha, 66 m J A Freyermuth [ERB])

Buehler, Peter, gr 43 Abercorn (CR 6), see Boehler

Buehler, Peter, see Boehler, Petrus

Buehner, Johann (Unitaets archiv Herrnhut R 14 A 121)

Buehner, Maria, w Michael, fr Halifax, 70 spon (ERB)

Buehner, Michael, h Maria, fr Halifax, 70 spon, 67 wit (ACW 134 ERB PR)

Buenninger (Binninger), Abraham, 1720, Sw f Bachenbuelach, moved to Purysburg then to Pa. (Pfister 89/PR)

Buenninger (Binninger), Hanna, d Rudolf (ERB)

Buenninger (Binninger), Johanna Egger, 73 m Rudolf, 79 d Hanna (ERB)

Buenninger (Binninger), (Johann) Rudolf, fr Purysburg, 73 m Johanna Egger, 75 spon (ERB PR)

Buerck, Christian, h Ursula, 57 spon, gr 57 Beth (CR 9 EC ECGM PR Inv ERB)

Buerck, Maria, 1765, d Christian (ERB)

Buerck, Ursula, 1735, née Kalcher, w Christian, 57 s Jacob Isidor, 60 s Daniel, 63 s Timothaeus, 65 d Maria (ERB AG IV 120)

Buerckstein, Maria, 1774 spon (ERB)

Bunce, see Buntz

Buner, Johann, Moravian, ar 36 (E)

Buntz, Anna Maria, d (Johann) Georg I, 75 leg (ACW 21 ERB)

Buntz, (Anna) Barbara I, Pal, t12, w (Johann) Georg I, 56 s (Johann) Georg, 59 s Christian, 61 s (Johann) Georg, 64 d Maria, 66 d Christina, 69 d Anna

Maria, 74 leg, 80 spon (ACW 22 ERB PR)

Buntz, Barbara II, w (Heinrich) Ludwig, Ebenezer, 75 will (ACW 21 ERB PR)

Buntz, Christina I, d (Johann) Georg I, 74 leg, 75 leg (ACW 22 ACW 21 ERB PR)

Buntz, Christina II, 75 leg (ACW 21 PR)

Buntz, (Johann) Christoph I, 1758, s Urban, gr 65 St Math, 74 pres, 78 m (Hanna) Elisabetha Hangleiter, 80 spon, 82 mil, 83 pres, 74 leg (ACW 22 PR ERB)

Buntz, (Johann) Christoph II, 1779, s Johann Christoph I (ERB)

Buntz, (Hanna) Elisabetha, née Hangleiter, 78 m Christoph, 79 s Johann Christoph, dd 78 (ERB)

Buntz (Puntz), Friedrich, 72 spon (ERB)

Buntz, (Johann) Georg I, Pal, t12, bro Urban, h Barbara I, gr 54, 59, 65 St Math (EC CR 26 27 ERB PR ECGM)

Buntz, (Johann) Georg II, 1756, s (Johann) Georg I, gr 65 Bethany, 75 leg, 75 wit (CR 26 ACW 21 22)

Buntz, Johann Heinrich, 70 spon (ERB)

Buntz, (Heinrich) Ludwig, s Urban, h Barbara II, gr 54, 59, 65 Bethany, 65 ensign militia 72 wit, 74 will (CR 6 EC CSS ECGM ACW 22 123 ERB PR)

Buntz, (Anna) Margaretha I, née Mohr, Swab, t15, w Urban, 58 s Johann Christoph, 60 d Anna Barbara, 66 s Heinrich Ludwig, 74 leg (ACW 22 PR ERB)

Buntz, Margaretha II, d-in-law Urban, 74 leg (ACW 22)

Buntz, (Anna) Maria, 1769, d Geo (ERB)

Buntz, Urban, 1735, Swab fr Niederstotzingen, t15, bro (Johann) Georg I, h Margaretha I, gr 54; 55 CB Ebenezer, gr 59 Bethany, 6l, 64, 74, 70 ensign militia, 74 will, dd 74 (CB CR 27 28 I EC CSS ACW 22 ERB Muhl PR)

Burck, see Buerck

Burckhalter, Barbara, d Johann II (Early Records of Wilkes County, Ga., ed. Davidson, III, 39)

Burckhalter, Catharina, gr dau Michael I, 62 leg (ACW 23)

Burckhalter, Georg, Sw, ar 35, s Michael I, gr 60 Acton (CE ECGC)

Burckhalter, Johann I, s Michael I (see Burckhalter, Barbara)

Burckhalter, Isaac I, 1773, m Matthias Salfner's dau, dd 1849

Burckhalter, Jacob, s Johann II (See Burckhalter, Barbara)

Burckhalter, Jeremias, s Johann II (as above)

Burckhalter, Josua, s Johann II (as above)

Burckhalter, Margaretha, Sw, ar 35 d Michael I (E)

Burckhalter, Maria, d Johann II (as above)

Burckhalter, Michael I, Sw, ar 35, 60 gr Christ Church, 61 gr Hampstead, 61 gr St George, 62 will (E CB CR 23 31, EC ECGC ACW 22, Inv PR): (fr Luetzelflueh, Bern, FB II 38 GD)

Burckhalter, Michael II, Sw, s Michael I, ar 35, m Conrad Densler's dau, 61 gr Vernonburg (E EC ECGC CR 6)

Burckhalter, Michael III, s Johann II (See Burckhalter, Barbara)

Burckhalter, Peter, informant (GD)

Burckhalter, Rudolf, 68 gr St Phil (CR 10 28 II), 67 wit (ACW 147 GD)

Burckhart, Adrian I, 1698, Sw, h Catharina, t10 (E CR 30)

Burckhart, Adrian II, 1729, Sw, s Adrian I, t10 (E CR 30)

Burckhart, Anna Maria, 1724, Sw, d Adrian I, t10 (E CR 30)

Burckhart, Catharina, 1703, Sw, t10, w Adrian I (E CR 30)

Burckhart, Hans Georg, 1723, Sw, s Adrian I, t10 (E CR 30)

Burckhart, Hans Jacob, 1730, Sw, s Adrian I, t10 (E CR 30)

Burckhart, Johann, 1730, Sw, s Adrian I, t10 (E EP CR 30)

Burckhart, Martin I, 1735, Sw, s Adrian I, dd 41 (CR 30)

Burckhart, Martin II, Pal, t12, sv Christian Leinberger, gr 52 Black Creek (CR 26 27 EC)

Burckhart, Susanna, 1734, Sw, t 10 (E CR 30)

Burcksteiner, see Burgsteiner

Burgemeister, (Heinrich) Christoph I, 1709, Sw, h Elisabetha, t10, ar 41, gr 51 Vernonburg (E CR 2 5 24 27 30 EC DR ERB GD)

Burgemeister, (Heinrich) Christoph II, 1737, Sw, t10, s Christoph I, h Margaretha, ar 41 Ebenezer, 77 spon (E CR 30 DR)

Burgemeister, Elisabetha, 1707, Sw, t10, w Christoph I, ar 41 Ebenezer (E CR 30 DR)

Burgemeister, Hans Ulrich, Sw, 1740, s Christoph I, ar Ebenezer 41 (E CR 30 DR)

Burgemeister, Margaretha, Sw, w Christoph II, 77 spon (ERB)

Burgemeister, (Johann) Martin, 1735, Sw, tl0, s Christoph I, 65 m Maria Elisabetha Mengersdorff, dd 4l (E CR 30)

Burgholder, see Burckhalter

Burgi, Anna, 1728, Sw, tl0, d Rudolf (E CR 2 30)

Burgi, Anna Margaretha, Sw, 1730, tl0, d Rudolf, dd 4l (E CR 30)

Burgi, Esther I, Sw, 169l, tl0, w Rudolf I, dd 4l (E CR 30)

Burgi, Esther II, Sw, 1735, d Rudolf I, tl0, dd 4l (E CR 30)

Burgi, Hans Kunrath, Sw, 173l, s Rudolf I, tl0, dd 4l (E CR 30)

Burgi, Rudolf I, 169l, Sw, h Esther I, tl0, gr Hampstead, dd 4l (E EC ECGC CR 30)

Burgi, Rudolf II, 1722, Sw, s Rudolf I, tl0, gr 43, 50 Vernonburg, 59 Acton (E CR 27 30 EC ECGC)

Burgsteiner, Agatha, Salz, t2, w Matthias, dd 58 (E DR 2-4 6 8 9 15 ERB)

Burgsteiner, Daniel, s Matthias, 69 m Maria Dasher, gr 57 Ebenezer, 66 CB Ebenezer, 74 pres 71 wit, 77 pres (CR 7 ACW 13 GCS 26 CB DR 6 MCG ERB PR ECGM GD)

Burgsteiner, Johann, Salz, t2, s Matthias, 4l pres (CR 6 DR 8)

Burgsteiner, Maria, née Dasher, 69 m Daniel, 72 d Salome (ERB)

Burgsteiner, Matthias, 1695, Salz, t2, h Agatha, dd 52 (E DR 1-8 15 CR 3 EC GD)

Burgsteiner, Ruprecht, 1735, Salz, t2, s Matthias, dd 40 (DR 6 8 9)

Burgsteiner, Salome, 1772, d Dan (ERB)

Busch, Johann Heinrich, fr Sav, h Scholastica (ERB)

Busch, Scholastica, w Johann Heinrich, 6l s Johann Wilhelm (ERB)

Busch, (Johann) Wilhelm, 1761, s Joh Hein (ERB)

Buschler (Bushler), Jacob, 76 wit (AWC 123)

Cable, see Gebel

Callifer (Calliser?), Anna Maria, 1719, Sw, tl0, single woman (E CR 30)

Calliser, Hans Caspar, 1717, tl0 (E CR 30)

Campert, Camphire, Camphor, see Gampert

Christ, (Johann) Gottfried, t6, convert, 42 m wid Metzger, fr Purysburg, dd by 47 (E DR 3-11 GD)

Christ, _____, wid Jacob Metzger, 42 m Gottfried, dd 50 (E DR 9 11 14)

Christer, (Hans) Friedrich, German, t4b, h Maria (E CR 2)

Christer, Maria Magdalena, German, t4b, w Heinrich Friedrich (E CR 2 GD)

Clause, Anna, 1704, Pal, t7, w Leopold (E)

Clause, Johann (Michael), 1733, Pal, t7, s Leopold (E)

Clause, Leopold, 1702, Pal, h Anna, t7 (E)

Clements, (wid), 1703, Pal, t8, Frederica (E EP GD)

Clements, Andreas, dd 57 (CR 7 Inv PR GD)

Clements, Josef (CR 7)

Closman, see Klosmann

Cluer, Elisabetha, 1705, Pal, t8 (E EP GD)

Coogle, see Gugel

Cornberger, Gertraut, Austrian, née Einecker, t6, 36 m Johann (DR 4-8 13)

Cornberger, Hanna Friederica, dd 68

Cornberger, Johann, Salz fr Radstadt, t6, 36 m Gertraut Einecker, 55 CB Ebenezer, gr 57 Mill District, 58, dd 70 (E CR 3 DR 3 4 6-8)

Cornberger, (Anna) Maria, 1734, d Johann, 4l pres (DR 6)

Corneck, Jas (?), 6l gr Sav, 73 will (Witnesses: Anna [Gambert] Nichols and Johann Eppinger [ACW 3l ECG])

Cougle, see Gugel

Crader (Kroeder?), Abraham, Pal, t7 (E)

Craemer, Creamer, Creimer, see Kraemer

Craft, see Kraft

Cramer, see Kraemer

Crause, see Krause

Crell, Walburga, 1723, Salz, t9, d-in-law of Bernhard Glocker (CR 30). Egmont calls her Grill.

Crieter, see Kraeuter

Croft, see Kraft

Cronberger, Cronenburger, see Kronberger

Crowber, see Krauber

Cuntz, see Kuntz

Curles, Johann Jacob, 1710, Pal, ar 37 (E)

Curtius, Curtz, see Kurtz

Cusmoul, see Kusmaul

Custobader, see Kustobader

Danner (Denner), Barbara, 1716, Sw, w Jacob, t10, 43 gr Vernonburg (E CR 2 5 27 30 EC)

Danner, Jacob, 1706, Sw, h Barbara, t10, gr 43, 53 Vernonburg (E CR 2 5 27 30 EC GD)

Dansler Dantzler, see Densler

Danzer, Peter, Pal in Sav 1750 (CR 26)

Darmer, (German?) (CR sup. to IV:12)

Dasher, Anna Catharina, 1760, d Martin I (ERB)

Dasher (Taescher), Anna Christina I, 1720, née Meyer, 54 m Christian I, 54 s Christian, 57 s Josua, 58 d Anna Christina, dd 1810 (ERB *Savannah Republican* 3/30/1810 ERB)

Dasher, Anna Christina II, 1758, d. Chr (ERB)

Dasher, Benjamin, 1762, s Mart (ERB)

Dasher, Christian I, Swiss, ar 35 sv Cokesey, 54 m Anna Christina Meyer, gr 45, 46 Abercorn, 48 sells lot, 52 buys lot Goshen, 55 CB Black Creek, gr 58 Goshen, 72 spon, 74 pres (PR CR 7 27 29 31:116 EC CB CCB ECGM ERB GD)

Dasher, Dorothea, 1774, d Mart (ERB)

Dasher, Elisabetha, née Flerl w (Johann) Martin II, 72 spon, 74 d Dorothea (ERB)

(**Dasher**, Hanna I, née Gugel, m Christian Dasher, m Matthias Eischberger)

(**Dasher**, Hanna II, d (Johann) Martin, m Daniel Zettler, Johann Gottlieb Neidlinger)

(**Dasher**, Maria, d Martin I, 69 m D Burgsteiner)

Dasher, (Johnn) Martin I, Sw fr Igis by Chur, h Ursula, 55 CB Ebenezer, 56 spon, gr 52, 59 Bethany, 60, 62, 65, 67, 68, 72; 72 spon, 74 pres, dd 75 (CB CR 7 27 EC ERB PR ECGM GD)

Dasher, (Johann) Martin II, 1746, Swiss, s Martin I, h Elisabetha, 55 CB Ebenezer, 67 CB Ebenezer (probably received some of grants listed above under father's name), 76 2nd Lt, 81 magistrate, dd 1812 (*Savannah Republican* 1813 CR 28 II EC CB MCG EGCP PR GD)

Dasher, Salome, 1779, d Joh Mart II (ERB)

Dasher, Ursula (wrongly listed as Lucy), w Martin I, 57 s Josua, 60 d Anna Catharina, 62 s Benjamin, 66 s Josua, 72 spon (ERB)

Daumer, see Dauner

(Dauner, Apollonia, d Michael, 64 m Leinberger [ERB])

Dauner, Michael, fr Langensee by Ulm, t15, 57 m wid Walburga Oechsele, gr 52, 60, dd by 65 (CR 27 28 I EC CCB ERB GD)

Dauner, Walburga. wid Oechsele, 57 m Michael (ERB)

Debear, see Tubear

deBrahm, see Brahm

Dechter, see Dester

Dechtli, Johann Georg, t12, Ebenezer (CR 26)

Deigler, Catharina, 1724, Pal, d Daniel, t7, gr Vernonburg (E EPCR 6 EC)

Deigler, Daniel, 1692, Pal, h Maria I, t7, gr 43 Vernonburg, by 52 moved to Charleston (E EP CR 6 EC CCB GD)

Deigler, Maria I, 1689, Pal, w Daniel, t7 (E EP)

Deigler, Maria II, 1726, Pal, d Daniel, t7 (E EP)

Deininger, (Anna) Barbara, w (Johann) Georg, 59 s Johann, 60 s Conrad, 62 d Catharina, 66 d Maria, 76 leg (PR ACW 117 ERB)

Deininger, Catharina, 1762, d Joh Georg (ERB)

Deininger, Conrad, 1760, s Johann Georg, gr 59 Bethany, dd 70 (ECGM ERB)

Deininger, (Johann) Georg, h Anna Barbara, 55 gr Ebenezer, 59 gr Bethany, 60 gr Ebenezer (CR 5 EC ERB)

Dellinger, Christoph, t12, sv Zimmerebner, 49 sick (EC CR 26)

Demuth (Domuth), Gotthart, Moravian, ar 36, dep 38 (E Fries CR 29)

Demuth (Demight), Gottlieb, Moravian, ar 36, dep 38 (E Fries)

Demuth (Demitifin), Regina, Moravian, ar 35, dep 38 (E Fries)

Denner, see Danner

Denningeer, see Deininger

Denny ?, Walter, discharged soldier, 41 German village, Frederica, 59 Ranger, gr 61 Vernonburg (CR 7 22 II 30 EC CSS ECGC GD)

Densler (Denzler) Anna, Sw, 1726, t7, d Conrad (E EP)

Densler, Barbara, spinster, d Heinrich, 1804 will (AWCC 31)

Densler, Caspar, 1734, Sw, s Conrad (E EP)

(Densler, Conrad, h Anna, dep Horgen, Canton Zurich 1737, t7, 41 gr Vernonburgh (E EP CR 26 PR FB I 60 GD)

Densler, David, s Michael, 1808 leg (ACWW 31)

Densler, Hanna (Dorothea), née Wezstein, Sw fr Horgen in Canton Zurich, 1703, w Conrad, t7 (E EP FB I 60)

Densler, Hans Jacob, 1736, Sw, s Conrad, t7 (E EP)

Densler, Heinrich, Sw 1728, s Conrad, t7, 54 gr Wassaw River, 55 CB Vernonburg, 59 Christ Church, 67 St Math, 78 wit (E CB CR 6 10 27 ECGC ECGI ECGC ECGM AWCC 122 GD)

Densler, Johann, s Michael, 1808 leg (ACWW 31)

Densler, Ludwig, h Susanna, 78 spon (ERB)

Densler, Michael, s Conrad?, 91 wit (ACWW 103), 1808 leg (ACWW 31)

Densler, Philip, Whig (GD)

Densler, Regula, 1730, Sw, d Conrad (E EP)

Densler, Susanna, sis Barbara, 78 spon, 1808 leg (ACWW 31 ERB)

(Depp, Anna Elisabetha, Pal fr Purysburg, 40 m Johann Jacob Kieffer [DR 7 14])

(Depp (Deppe), Maria Margaretha, w Valentin, 58 s Daniel, 59 m Jacob Gnann III [ERB])

Depp, Margaretha, w Valentin, 56 spon (ERB)

Depp (Tap), Samuel, 77 pres (PCG)

Depp, Valentin (Fallentine Tap), ca 1725, Pal, gr 50, 57 Bethany; 55 CB Ebenezer, dd 58 (EC CB CR 27 ECGM DR 8 14 ERB GD)

Depp, ___, ca 1730, bro Valentin, fr Orangeburg (DR 8)

Derrick, wid, 1712, Pal, t8, Frederica (E EP GD)

Derrick, Elisabetha, 1730, Pal, d wid Derrick, t8, Frederica (EEP GD)

Derrick, (Johann) Georg, gr 43 Acton, 50 buys lot Acton, 59 gr Christ Church (CR 8 27 EC PR ECGC CCB)

Derrick, Jacob, 1733, Pal, s wid Derrick, t8, Frederica (E EP GD)

Derrick, Margaretha, 1731, Pal, d wid Derrick, t8, Frederica (EEP GD)

Derrick, Melchior, 1731, Pal, s wid Derrick, t8, Frederica (E EP GD)

Dester (Deshter), Peter, ar 34, 38 signs petition (E CR 3 GD)

Detzer, Anna, Pal, ar 34, sv Wm Cooksey (E)

Detzer, Christian, Pal, ar 34, sv Wm Cookesy (E)

Detzer, Matthaeus, Pal, ar 34, sv Wm Cooksey (E)

Detzner, (Ernst) Ambrosius, Sw(?), h Martha, Frederica (GD)

Detzner, Martha, w Ambrosius, Sw(?) Frederica (GD)

Dice, see Theiss

Diehle (Dowle) Anna, 1687, Pal, w Hans Adam, t7 (EP CR 26)

Diehle, Anna Margaretha, 1711, Pal, d Hans Adam, dd 37 (E EP)

Diehle, Hans Adam, 1684, Pal (possibly from Einoed in Homburg. See Yoder, *Rheinland Emigrants* 3, 5 h Anna, t7, dd 37 (E)

Diehle, Maria Catharina, 1713, Pal, d Hans Adam, t7 (E EP)

Diehle, Paulzer, 1715, Pal, s Hans Adam, t7 (E EP)

Diehle, Peter, 1717, Pal, s Hans Adam, 41 Vernonburg (E EP CR 26 EC Inv GD)

Diehle, Theobald (Teevolt), 1733, Pal, s Hans Adam (E EP)

Dieter (Ditter), Georg, 68 wit (ACW 123)

Dieter, Rebecca, 79 spon (ERB)

Dieter, Mrs., res in Sav 1775 (Muhl)

Dietzer (Deetzer), Nikolaus, 60 Ranger (CSS)

Dietzius, Andreas Gottfried, German, ar 34, gr 34, h Magdalena (E CR 31 32 DR 2 3 GD)

Dietzius, Anna Amelia, German, ar 34, d Andreas (E)

Dietzius, Magdalena, German, w Andreas (E)

Digsberger, see Eischberger

Ditter, see Dieter

Dober, (Johann) Andreas, Moravian, h Maria Catharina, ar 36, dep 40 (E Fries)

Dober, Anna Catharina, Moravian, w Andreas, ar 36, dep 40 (E Fries)

Dodds, Mrs. ____, fr Wurttemberg, w of English soldier Wm Dod(ds), 50 pres Ebenezer (DR 11)

Dohart, Johann, gr 63 (ECGM)

Domuth, Gotthart, see Demut

Donner (Danner?), Michael, gr 60 Goshen (ECGM)

(**Dopp**, Johanna, 73 m Christoph Preisier)

Dowle, see Diehle, gr 60 Vernonburg (CR 28 II)

Downer, see Dauner

Dowsing?, Jacob, 54 Ebenezer (CR 6). See Tussing

Dresler, Catharina, Pal, 1710, t7, w Hans Joseph, 59 in Sav (E EP CCB DR 8 9)

Dresler, Elisabetha I, w Georg, 77 s Georg (ERB)

Dresler, Elisabetha II, d Georg I, w John Stephen, 77 d Margaretha (ERB)

Dresler, (Johann) Georg I, Pal, 1704, t7, h Catharina, gr 52, 52 sells lot Sav, 57 Sav (E EP PR CR 6 27 EC ECGC CCB CBJ DR 6 8 9 ERB GD)

Dresler, Georg II, s Georg I, 82 will, dd 87 (AWCC ERB)

Dresler, _____, w Georg II, 77 s Georg (ERB)

Dresler (Dressler), Hans Joseph, 1704, Pal, t7, h Catharina

Driessler, Johann Ulrich, pastor Frederica, ar 43 (CR 2 24 30 DR 8 11-13 GD)

Driessler, ____, w Johann Ulrich, ar 43 Frederica (CR 24 31 GD)

Drysig, Anton Friedrich, wit (PR)

Ducker, Georg, 70 wit (ACW 13)

Dudwiller (Detweiler?), Hans, 1696, Sw fr Winkel in Canton Zurich, t4a (CR 20 FB I 39 Pfister 90)

Duebendorfer, Heinrich, 1698, Sw fr Bassersdorf, t4a (CR 20 GD)

Dussing, Dusseign, see Tussing

Dyssli, Samuel (SCHM 23 [1922], 89-91)

Eagle, see Eigel

Earhard, see Ehrhart

Earnest, see Ernst

Ebenger, see Eppinger

Eberhard, Anna, Swab fr Urspring, t15 (Hacker 203 GD)

Eberhard, Johann (Hans Joerg), gr 52 (CR 27 Wiegand 99 GD)

Ebinger, see Eppinger

Ebner, Johann Georg, fr Strassburg, 6 yrs Phila, 3 yrs Congaree, 52 seeks land (AG 118 DR 15 GD)

Ebner, Robert Zimmerr, see Zimmerebner, Ruprecht

Ecker, Ursula, see Eckhart, Ursula

Eckhart, Albrecht Ludwig, 1757, s Conrad (ERB)

Eckhart (Etchard), Anna Maria, wid Huber, 57 m Conrad, 57 s Albrecht Ludwig, 61 St Math (CR 7 ERB)

Eckhart, Conrad, fr Frankfurt, 57 m Anna Maria Huber, gr 59 Blue Bluff, dd by 59 (CR 7 ERB PR ECGM)

Eckhart, Martin, Swab fr Nerenstetten, t15, gr 52 (CR 27 Hacker 1, 204, GD)

Eckhart, Ursula, sv Kraft, 52 engaged to Ruprecht Steiner, who dies, 52 m Veit Landfelder (AG 106 DR 15)

(Egger, Johanna, 73 m J R Buenninger [ERB])

(Egger, Margaretha, t8a, 39 m Ulich, 39 m Martin Lackner [E DR 6 CR 30 GD])

(Ehrhard, Elisabetha, 74 m Johann Holtzendorff [ERB)

Ehrhard, Gabriel, gr 74 St. Paul (ECGP GD)

Ehrhard, Johann, Swab fr Altheim, t15 (Hacker 204 GD)

Eigel, Anna Maria, 1733, Salz fr Duerrenberg, t9, d Ursula (CR 30 ERB)

Eigel, Anna Theresia, 1728, Salz fr Duerrenberg, t9, d Ursula, gr 56 Mill District, dd 56 (E CR 30 EC DR 7)

Eigel, Christian, 1778, s Joh (ERB)

Eigel, (Johann) Frantz, 1737, Salz fr Duerrenberg, t10 (E CR 2 30)

Eigel, Georg, 1701, Salz fr Duerrenberg, t9, h Ursula, gr 56 Mill District, dd 56 (E CR 30 EC DR 7 8 9 11 15 ECGM ERB)

Eigel, Johann, ca 1780 (MCG GD)

Eigel, Johann Lorentz, 1736, Salz fr Duerrenberg, t9, s Geo, 70 CB St Math (E CR 30 CB DR 7 ERB)

Eigel, (Lorentz) Ludwig, 1730, Salz fr Duerrenberg, t9, s Georg, 49 pres, 55 CB Ebenezer, dd 62 (E CR 30 DR 7 ERB)

(Eigel, Samuel, Salz fr Duerrenberg, t9, s Georg, dd en route (E CR 30 DR 7)

Eigel, Ursula, 1700, Salz fr Duerrnberg, t9, w Georg, dd 62 (E CR 7 30 ERB)

Eiger, Johann, gr 52 (CR 27)

Eihart (?), Gabriel, gr 52 (CR 27)

Eihart, Georg, gr 52 (CR 27)

(Einecker [Einweger], Barbara, 1704, Salz, t6, 36 m Leonhard Krause [DR 6])

(Einecker, Gertraut, 1708, Salz, t6, 36 m Johann Kronberger [E CR 20 DR 3 5 6])

Eirick, see Erick

Eischberger (Ashberger, Ashpergh, Ash), Anna Maria, 1711, Salz, (resident in Bieberach), t9, w David, dd 68 (E CR 30 DR 7 9 15 ERB)

Eischberger, Catharina I, 1736, Salz, d Ruprecht, 41 pres (DR 8 11)

Eischberger, Catharina II, Salz, t9, d David, 41 pres, 44 s Christian Thomas

(ERB)

Eischberger, Christian Thomas, 1744, s David, dd 63 (ERB)

Eischberger (Ashperger), David, 1716, Salz fr Werffen (resident in Bieberach), t9, h Anna Maria, gr 57 Mill District, dd 71 (E CR 6 8 30 EC DR 9 ECGM GD)

Eischberger (Ash), Hanna I, d Johann Gugel, w Matthias, gr 60 Goshen, 88 leg (AWCC 49 ECGC CR 8)

Eischberger, Hanna II, 1753, dd 1806

Eischberger, Johann, Salz, t9, s Ruprecht, 4l pres (DR 8)

Eischberger, (Anna) Maria I, née Riedelsperger, 1710, Salz, t2, w Ruprecht, 36 d Catharina, dd 68 (E DR 2 6 8 9 ERB PR)

(**Eischberger**, Maria II, 63 m Johann Martin Greiner [ERB])

Eischberger (Ash), Matthias, h Hanna Gugel, gr 60 Ebenezer, 61 Ebenezer, 70 wit, dd 73 (CR 7 ECGC ACW 13 GCS 25 PR)

Eischberger, Ruprecht, Salz fr Werffen, t2, h Maria I, 47 pres, gr 57 Mill District, dd 62 (E CR 6 22 I EC DR 6 8 14 ECGM)

Elverstone, see Helfenstein

Enderli, Anna Keller, Sw fr Oberembach, w Hans Heinrich, t4a; (See FB I 35)

Enderli, (Hans) Heinrich (E has Henry Anderly, Pal), 1700, Sw, fr Bassersdorf, t4a, Purysburg, h Anna Keller, gr 43 Vernonburg (E CR 6 20 27 CCB Pfister 90); (fr Baeretschweil in Canton Zurich, FB I 35 GD)

Enderli, Hans Heinrich, 1728, child of (Hans) Heinrich, Sw, t4a (E)

Egeli, Anna, 1707, w Hans Jac (E)

Engeli, Hans Jacob, 1709, Sw, t10 (CR 30)

Engeli, Jacob, 1734, Sw, t10 (E CR 30)

Engler, Zich(?) Heinrich, 1691, Sw fr Ellikon an der Thur, t4a (CR 20 unpublished Pfister 90)

Eppert (Ebert), Hans, fr Ballendorf (Hacker 204)

Eppinger, Anna Barbara I, w Johann I, 59 d Anna Magdalena (ERB Pfister 90)

Eppinger, Anna Barbara II, d Friedrich II, dd 73 (ERB)

Eppinger, Anna Magdalena, 1759, d Johann (ERB)

Eppinger, Barbara, 1732, ar 62, dd 1812 (PR *Savannah Republican* 1/5/1812)

Eppinger, (Johann) Friedrich, 73 pres (ERB)

Eppinger, (Leonhard) Friedrich I, 65 m Margaretha Bollinger, gr 66 St Math, dd 69 (ERB ECGM)

Eppinger, (Johann) Georg, s Johann I, carpenter, 77 leg (ACW 46 PR GD)

Eppinger, Hanna, d Johann I, 77 leg (ACW 46 PR)

Eppinger, Jas, s Johann I, tailor, 77 leg (ACW 46 PR)

Eppinger, Johann I, h Anna Barbara I, bricklayer in Sav, 59 buys lot in Sav, gr 61 St Math, 6l Ogeechee, gr 69, 70, 70 wit, 77 will (CR 10 ACW 45 46 CCB CBJ PR ECGM)

Eppinger, Johann II, s Johann I, bricklayer, 77 leg, 90 wit (ACW 46 AWCC 36 PR)

(Eppinger, Magdalena, wid, 70 m Johann Scheraus [ERB])

(Eppinger, Margaretha, d Johann I, 72 m Balthasar Schaeffer, 77 leg, 97 leg [ACW 46 ACWW 37])

Eppinger, Matthias, s Johann I, carpenter, 77 leg (ACW 46)

Eppinger, Sara, d Johann I, m Jas Jones, 77 leg, 99 leg (ACW 46 ACWW 37)

Eppinger, Winifried, d Johann I, w Joseph Roberts, 77 leg (ACW 46)

Erick, Adam I, h Catharina I, 68 Great Ogeechee, 71 Christ Church, dd by 93 (CRl0 ECGC PR)

Erick, Adam II, s Adam I, 93 leg (ACWW 35 PR)

Erick, Catharina I, w Adam I, 93 will (ACWW 35 PR)

Erick, Catharina II, d Adam I, 93 leg (ACWW 35)

Erick, Isabella, d Adam I, 93 leg (ACWW 35)

Erick, Ruth, d Adam I, 93 leg (ACWW 35)

Erinxmann, Barinker, 1709, Pal, h Rebecca, t7 (E EP)

Erinxmann, Johann, Pal, t7, gr 43, 51 Vernonburg (CR 2 5 27 30 GD)

Erinxman, Rebecca, 1715, Pal, w Barinker, t7 (E EP)

Ernst, Christina, née Kusmaul, d Jacob, w Ludwig, 77 d Salome, 80 s David (ERB)

Ernst, David, 1780, s Lud (ERB)

Ernst, Gottlieb, s Johanna Wertsch and (Joh) Ludwig Ernst

Ernst, Johann, s Josef, 41 pres, dd 70 (DR 8)

Ernst, Johann Friedrich, surgeon, dd 70 (ERB)

Ernst, Josef, 1708, Bavarian, t6, h Maria, dd 41 (E DR 3 6 9 GD)

Ernst, (Johann) Ludwig, 1735, s Josef, h Christina, 55 CB Ebenezer, gr 50, 57 Bethany, 64, 69 Bethany, 71, 74; 58 Ranger (CR 10 12 27 EC CB CSS ECGM ERB DR 15)

(**Ernst**, [Anna] Maria, 1705, Bavarian, t6, wid Josef, m Scheffler [E DR 3 4 7-9])

Ernst, Sabina, Bavarian, 1733, t6, d Josef (DR 8)

Ernst, Salome, d Ludwig (ERB)

Ernst, Susanna Catharina, Bavarian, 1735, t6, d Josef, 41 pres, 52 conf, sick in Sav (E DR 8 15 AG 243, AG IV 172)

Erntz, see Ernst

Erschberger, see Eischberger

Eschenhagen, Johann W, ar 62, dd 1812 (*Savannah Republican* 11/15/1812)

Etchard, see Eckhart

Eurich, see Eyrich

Exley, see Oechsele

Eyrich (**Eurich**), Adam, 75 deacon of Lutheran Church in Sav (Muhl 684-685)

Eysperger, see Eischberger

Faber, Conrad, 69 indentured servant, overseer for Henry Laurens (Betty Wood, Slavery in Colonial Ga., Athens, 1984, p. 140 GD)

Faesch, Andreas, 50 en route fr London to Georgia (CR1:505)

Fahm, Anna, administratrix (PR)

Fahm, Catharina, d Friedrich, m Lang, 96 leg (ACWW 39)

Fahm, Friedrich, blacksmith, m Maria Sophia Lang, 67 wit, 68 wit, gr 68 St Math, 59 Christ Church, 77 wit, 96 will, dd 96 (Savannah Republican 5/3/96 ACW 46 ACW 123 AWCC 39 CR 7, 10 ECGC GCS 25 PR ECGM GD)

Fahm, Jacob, s Friedrich, gr 68 St Math 96 leg (ACWW 39 ECGM)

(**Fahm**, Sophia, d Friedrich, m Johann Gugel, 96 leg [ACWW 39])

Famm, see Fahm

Fann, Zacharias ?, 60 Ranger (CSS)

Farr, Dorothea, 60 m Christian Steiner (AG)

Fasan(?) (Fahan?), Benjamin Heinrich, Sw, t4a (CR 20 unpublished)

Faul (Fowl), Georg, 1724, Swab, t15, smith, h Rebecca, gr 54 Ebenezer, 57, 55 CB Ebenezer, 67 will, dd 68 (CR 7 27 ECGM EC ACW 47 Muhl 615

ERB PR)

(**Faul**, Rebecca, Swab, wid Georg, m 69 J F Briest, 67 leg, 67 will [ACW 47 ACW 47 ERB PR])

Falcher (Faulkner? Volker?), Joseph, 43 petitions freehold Vernonburg (CR6:74)

Felser, Georg, 1686, Salz, t2, dd 36 (E DR 3 6)

Ferrier, Conrad, Pal, wins lottery (GD)

Fettler, Anna Ursula, née Moser, 61 m Martin (ERB)

Fettler, Martin, fr Sav, 61 m Anna Ursula Moser (ERB)

Fetzer, Abraham, Swab, t13, d in passage (CR 26)

(**Fetzer**, Anna, 67 m G L Roth [ERB])

(**Fetzer**, Anna, d Sebastian, 67 m F Ochs [ERB])

Fetzer, Anna Magdalena, w Jonathan, 79 spon (ERB)

Fetzer, Anna Maria, 1717, wid Staeheli, 64 m Sebastian Fetzer I, dd 69 (ERB)

Fetzer, _____, t13, wid Abraham, buys freedom (CR 26)

Fetzer, Barbara, 1720, Swab, w Ulrich, t13, 56 s Johann Gottlieb, 58 s Christian, dd 64 (ERB)

Fetzer, Christian, 1740, s Abraham, Swab, t13, sv Schrempff, dd 58 (CR 26 ERB DR 15 GD)

Fetzer, Joerg (Jerry, George), rower in scout boat 25 Feb 47 (CR 26)

Fetzer, Johann, rower in scout boat 25 July 48 (CR 26 ERB)

Fetzer, Johanna, née Mohr, Swab, t13, 65 m Ulrich, s Johann Ulrich (ERB)

Fetzer, Jonathan Gottlieb, 1756, h Anna Magdalena, 74 pres, 78 mil, 79 spon (GCS ERB)

Fetzer, Sebastian, Swab, t13, h Ursula, gr 58 Mill District, 64 m A M Staeheli, dd 70 (EC ERB ECGM DR 15)

Fetzer, (Johann) Ulrich I, 65 m Johanna Mohr, gr 59 Abercorn, dd 73 (CR 28 I EC ERB ECGM)

Fetzer, (Johann) Ulrich II, 1769, s JU I (ERB)

Fetzer, Ursula, 1719, Swab, t13, w Sebastian, 58 s Johann, 60 s Johann Christoph, dd 63 (ERB)

Feyermuth, see Freyermuth

Fierer, (Fuehrer?), Christina, 1711, Pal, w Conrad, t7 (E EP)

Fierer, Conrad, 1709, Pal, h Christina, t7, dd by 53 (E EP CR 6)

Fierer, Hans Joerg (Yierick), 1735, Pal, s Conrad, t7 (E EP)

Fierer, Joerg Devalt (Yerick Levalt), 1737, s Conrad, t7 (E EP)

Finch, see Finck

Finck, (Anna) Margaretha, w Paul, 56 d Anna Margaretha, 62 Salome, gr 59 Bethany (CR 28 I ERB ECGM)

Finck, Margaretha, 76 leg (ACW 117 PR ERB)

Finck, Paul, h Margaretha, gr 55, 57 Bethany (EC ERB ECGM GD)

Finck, Salome, 1762, d Paul (ERB)

Fischer, Ambrosius, Swab fr Langenau, t15 (Hacker 207 GD)

Fischer, Anna Catharina, 1728, Swab fr Langenau, 1st w Georg, 56 s Andreas, dd 58 (ERB Hacker 207 GD)

Fischer, Anna Dorothea, née Meyer, 1721, wid Rieser, 60 m Georg, 62 s Tobias, dd 63 (ERB)

Fischer, (Johann) David, t13, gr 50, 59 Vernonburg, 64 Vernonburg, 66 St Math, 86 wit (CR 6 EC ECGC ACW 103 ECGM)

Fischer, (Johann) Georg, Swab fr Zähringen, t15, h Anna Catharina, 60 m Anna Dorothea Rieser, née Meyer, 64 m Maria Mack, gr 52, land at Halifax (EB EC CR 27 ERB Hacker 207 GD)

Fischer, Maria, née Mack, 64 m Georg, 65 d Maria, 67 s Matthaeus, 69 d Anna Catharina (ERB)

Fischer, Michael, gr 52; 63 CB Halifax (CR 27)

Fischer, Nikolaus, gr 52, 63 CB Halifax, 67 wit, 69 will (ACW 134 ACW 48 CR 27 Inv)

Fitz, Margaretha, Pal, t7, wid 1741 (EP CR 6)

Fitzer, see Fetzer

Fleger, see Pflueger

Fleiss, Balthasar, 1707, Salz fr Gadauern in Gastein, expelled 16 Aug 33, tl, dd 34 (E DR 1 3 6)

Flerl (Floerel), Anna Maria, née Hoepflinger, 1693, Salz, t6, 36 m Hans, dd 74 (E ERB DR 5 9 11-13 15 GD)

Flerl, Carl, 1705, Salz, t6, bro Hans, 42 m Maria, gr 56 Ebenezer, 64 will, dd 64 (E CR 8 20 EC DR 3 5 8-10 14 ACW 50 ERB PR ECGM)

Flerl, Dorothea, née Kieffer, 74 m Johann II, 76 leg (ACW 50 PR ERB GD)

(**Flerl**, Hanna, d Hans, 1733, 54 conf, 58 m T Schweighoffer, dd 69 [ERB])

Flerl, Hanna Elisabetha, née Brandner, 1743, 65 m Johann II, 65 d Judith, 67 d Maria, 69 s Johann, dd 73 (ERB)

Flerl, Hans (Johann I), 1712, Salz, t6, bro Carl, 36 m Anna Maria Hoepflinger, 55 CB Ebenezer, gr 56 Mil Dis, 60 St Math, 66 wit, dd 70 (E CB CR 10 28 I DR 3 5-12 15 EC ECGI ACW 14 ERB PR ECGM GD)

Flerl, Israel, s Johann II, 1771, 76 leg, 1800 m Sabina Salome Walthauer, dd by d Johann II, 1813 (ACW 50 PR GD)

Flerl, Johann II, s Hans, 57 CB Ebenezer, 65 m H E Brandner, gr 60 Mil Dis, 65 ensign militia, 74 m Dorothea Kieffer, 74 pres, 76 capt, 76 will (CR 28 II ACW 50 CSS ERB PR ECGM)

Flerl, Johann III, 1769, s Johann II (ERB)

(**Flerl**, Judith, d Johann II, 59 conf, 63 m G Schleich, 64 m Samuel Kraus [ERB])

Flerl, Maria I, née Kroehr, Salz, wid Moshammer, wid Gruber, 42 m Carl, 58 spon, 64 leg, will 64 (ACW 56 ACW 50 PR 5 6 10)

Flerl, Maria II, 1767, d Johann II, 76 leg, m J C Walthauer (ACW 50 ERB PR)

Floerel, see Flerl

Folbright, see Vollbrecht

(**Folcker**, Anna Magdalena, 56 m Matthias von Alman [ERB])

Folcker, Johann, gr Vernonburg (EC)

Folker, Johann Martin, t11 (CR 30). Same as above??

Folcker, Josef, gr Vernonburg (EC)

Folker (Fulker), Thomas, gr 70, 75 St Math (ECGM)

Foltz (Voltz), Johann Martin, t11 (CR 30 31 GD)

Forglet, see Torkler

Forig (?), Georg, 58 gr Vernonburg (CB CR 7)

Fowl, see Faul

Fradling, see Treutlen

Frager, Sara (?), w Shadrit Harper, 73 bapt (ERB)

Francis, Mrs.___, Pal, w of Lt. Francis, 42 murdered at Mt. Pleasant (DR 9 GD)

Francke, Barbara, née Kieffer, d Theobald I, w Paul, 57 d Sophia, 59 s Conrad, 62 s Christian (ERB)

Francke, Christian, 1762, s Joh Paul (ERB)

Francke, Conrad, Ebenezer, 75 leg (ACW 21)

Francke, Jacob, Moravian, ar 36, dep 36 (E Fries)

Francke, (Johann) Paul, 1724, fr Purysburg, 50 returns from Indian country, m Barbara Kieffer, gr 50 (CR 6 27 DR 4 7 EC ERB GD)

Francke, Sophia, 1757, d Paul, dd 70 (ERB)

Frank, Franks, see Francke

Frentz, Johann, 69 executed for shooting wife (*Ga. Gazette* 1/1/69 PR)

Frentz, Maria, shot by husband 12 Sept 68 (*Ga. Gazette* 9/20/69)

Fretz, see Frentz and Fritz

Frey, Abraham, Swab fr Bermaringen, t15, gr 52, 59 Acton (EC ECGC CR 27 Hacker 207 GD)

Frey, Peter, 76 leg (ACW 117)

Freyermuth, (Johann) Adam I, 1745, fr Weyer in Nassau, 60 conf, 66 m M E Buehler, 74 pres, 75 wit (ACW 118 PR AG IV 127 ERB)

Freyermuth, (Joh) Adam II, 1771, s JA I (ERB)

Freyermuth, (Anna) Catharina, née Groll, m 69 Peter, 73 s Tobias, 75 s Josua Peter, 80 s Salomo (ERB)

Freyermuth, Daniel, 1770, s (Johann) Peter (ERB)

Freyermuth, Israel, 1774, s (Johann) Peter (ERB)

Freyermuth, Josua Peter, 1775, s (Johann) Peter (ERB)

Freyermuth, (Feyrmuth), (Anna) Margaretha, 1718, née Schubdrein, d Daniel, by 57 gr Bethany (EC)

Freyermuth, Maria Elisabetha, née Buehler, 66 m Adam, dd 81 (E EP)

Freyermuth, (Johann) Peter I, fr Weyer in Nassau, 59 conf, 69 m Anna Catharina Groll, 74 pres (ERB PR GD)

Freyermuth, (Josua) Peter II, 1775, s JP I (ERB)

Freyermuth, Salomo, 1780, s (Johann) Peter (ERB)

Frick, Anna Catharina, née Strubler, fr Purysburg, 55 m Jacob (ERB)

Frick, Jacob, fr Purysburg, 55 m Anna Catharina Strubler (ERB)

Frick (Fruick), Paul, gr 58 Ebenezer (CR 28 I)

Frickinger, Barbara, née Greuser, 56 m Conrad, 61 s Johann Conrad (ERB)

Frickinger, (Johann) Conrad I, 56 m Barbara Greuser, 58 Ranger, by 59 gr Bethany (EC CSS ERB)

Frickinger, (Johann) Conrad II, 1761, s JC (ERB)

Frightlinger, see Frickinger

Fringe, Rudolf (GCS 25)

Frisch, Anna Maria, 1779, d Joh Lud (ERB)

Frisch, (Johann) Friedrich, fr Berlin, ar 1770, Loyalist, (Tuebinger Kapsel 715)

Frisch, (Johann) Ludwig, h Susanna, 78 spon (ERB)

Frisch, Susanna, née Groll, w Ludwig, m 69 Peter, 73 s Tobias, 75 s Josua Peter, 80 s Salomo (ERB)

Fritlen, see Treutlen

Fritsee, see Fritschi

Fritschi, Heinrich, Sw, t4a, gr 59 Abercorn (ECGM CR 8 20 unpublished GD); (despite discrepancy in dates, possibly the same, or related to, Heinrich Fritschi, 1729, dep Rorbass in Canton Zurich in 1738 with family. FB I 76)

Fritz, Annabel, 1731, Pal, d Heinrich, t7, dd 39 (E EP)

Fritz, Heinrich, 1687, Pal, h Maria Margaretha, t7, dd 40 (E EP)

Fritz, Johann Joerg, 1722, Pal, s Heinrich, t7 (E EP); probably the Jerry Fretz who rowed for Noble Jones (CR 30 36 GD)

Fritz, Johann Ut, 1733, Pal, s Heinrich, 48 rower, 63 Ranger (E CR 30 36 CSS)

Fritz, Johann Michael, 1724, Pal, s Heinrich, t7, dd 40 (E)

Fritz, Maria Margaretha, 1689, Pal, w Heinrich, t7, dd 39 (E EP CR 6)

Fritz, Nikolaus, 65 Ranger (CSS)

Fritz, Susanna Catharina, 1719, Pal, d Heinrich, t7, dd 39 (E EP)

Fritz, ___, s Maria Magdalena (EP CR 6)

Fruick, see Frick

Fry, see Frey

Fulbright, see Vollbrecht

Fulker, see Folker

Fuzler, Sabina (?), sv to Hans Fletcher, ar 21 July 33 (E)

Gabel (Gebel), Abraham, s Johann I, gr 50, 53, 63, 74 Christ Church, 77 leg, 90 will (EC PR CR 6 27 ECGC GCS 25 ACW 124 ACWW 50 PR ECGM GD)

Gabel, Anna Barbara, w Johann I, 62 leg (ACW 26 PR)

Gabel, Elisabetha, d Johann, 62 leg (ACW 26 PR)

Gabel, Elisabetha Susanna, w Johann II, 90 wit (AWCC 50 PR)

Gabel, Johann I, h Anna Barbara, 55 CB Abercorn, gr 50 Abercorn, 59, 60, 62 leg, dd by 63 (ACW 26 CR 6 27 CB EC ECGC PR ECGM GD)

Gabel, Johann II, h Elisabetha Susanna, 62 leg (ACW 26)

Gabel, Maria, d Johann I, 62 leg (ACW 26 PR)

Gabner, ____planter near Ebenezer, 60 pres (AG IV 247)

Gaertner, Adam, Vernonburg

Gaertner, Peter ? (Gardner, loyalist) (CR 28 II 616)

Gampert (Gamphert), Christian, h Maria, Pal, gr 57 Vernonburg, 59, Sav, 60 Vernonburg (CR 2 8 30 EC ECGC PR GD)

Gampert, Jeremias, s Christian, h Maria, 45 Sav, 57 Vernonburg, 62 leg (ACW 26 PR GD)

Gampert, Margaretha, Pal, gr Sav, 49 requests aid (PR CR 2 6 GD)

Gampert, Maria, w Christian, 74 leg (ACW 26)

Garbut (Garbet), Caspar, carpenter, 60 m Christina, gr 60 Sav, 62 St. Math, 67 wit 72 will, dd by 76 (CR 28 ECGC ECGM ACW 147 ACW 57 CGHS I, 1, 118 RR1:215 PR DR17 GD)

Garbut, Christina, née Haefner, 60 m Caspar, 76 leg (ACW 57 PR)

Garbut, Georg, s Caspar, 76 leg, dd by 88 (ACW 57 AWCC 60 PR)

Garbut, Maria, d Caspar, 76 leg (ACW 57 PR)

Gaswandel, see Gschwandl

Geager, see Geiger

Gebhard, Anna, 1736, Pal, d Hans Heinrich, t10, dd 4l (E CR 7 30)

Gebhard, Anna Maria, 1740, Pal, d Hans Heinrich, t10, dd 4l (E CR 7 30)

Gebhard, Catharina, 17l1, Pal, t10, w Hans Heinrich (E CR 30)

Gebhard, Elisabetha, 1724, Pal, t8, d Philip I, sv Boltzius (E EP CR 30 DR 8 GD)

Gebhard, Eva, 1728, Pal, t8, d Philip I, sv Boltzius (E EP CR 30 DR 8)

Gebhard, Hans Georg, 1736, Pal, t8, s Philip I, gr 52 (E EP GD)

Gebhard, Hans Heinrich, 1696, Pal, t10, h Catherina (E CR 7 30)

(**Gebhard**, Magdalena, 1719, Pal, t8, d Philip I, m Simon Reiter [E EP CR 30 DR 6 8 GD])

Gebhard, Magdalena, 1731, Pal, t10, d Hans Heinrich (E DR 6 7 CR 7 30)

Gebhard, Maria Catharina, 172l, Pal, t8, d Philip I (E EP GD)

Gebhard, Martha, 1695, Pal, t8, w Philip I, dd by 43 (E EP DR 7 GD)

Gebhard, Philip I, 1693, Pal, t8, h Martha, by 48 dd at Palachacola (E EP DR 6 7 12 GD)

Gebhard, Philip II, 1732, Pal, t8, s Philip I (E EP GD)

Gebhard, Samuel, 1719, Pal, t10, s Hans Heinrich (E CR 7 30)

Gebhard, Susanna, 1721, Pal, t10, d Hans Heinrich (E CR 30)

Geiger, Abraham, 82 pres

Geiger, Anna Maria, 73 m Wm Stafford (ERB)

Geiger, Apollonia, w Ulrich, 69 d Rachel (ERB)

Geiger, Christian, fr Ogeechee, gr 62 St Math (CR 8 ERB ECGM)

Geiger, _____, w Christian, 74 s Cornelius (ERB)

Geiger, Cornelius, 1774, s Chris (ERB)

Geiger, Felix, 82 pres

Geiger, Johann, 82 pres

Geiger, Lucas I, fr Memmingen, 55 survey St Math, dd 57 (CR 8 ECGM ERB GD)

Geiger, Lucas II, gr 61 St Math (ECGM)

Geiger, Maria, w Thomas, 81 spon (ERB)

Geiger, Rachel, 1769, d Ulrich (ERB)

(**Geiger**, Sibill Regina, wid Lucas I, 61 m J G Niess [ERB])

Geiger, Thomas, h Maria, 81 spon (ERB)

Geiger, (Hans) Ulrich, 1730, h Apollinia, s Abraham, 67 gr St Matthews (CR 10 ERB); (born 1687 Berneck, Switzerland)

Gephart, see Gebhard

(**Gerber**, Anna, wid, 55 m J Hueter [ERB])

Gerber, Caspar, cabinet maker in Savannah, 60 m C B Haefner (AG IV 171 ERB GD)

Gerber, Christina Barbara, née Haefner, 60 m Caspar (AG IV 171 ERB)

Gerber, Paul, Swab fr Albeck by Ulm, t15, gr 52 (CR 27 Hacker 209, 218 GD)

Gering, see Guering

Geschwandel (Geswandel), see Gschwandl

Geywitz, Hans, Swab fr Langenau, t15 (Hacker 207 GD)

Gieger, see Geiger

Gimmel, Balthasar (PR Bk F, Col. Wills Estates Inventories 1754-1770,

Rec. Group 49, series 6 GD)

Glaner, Benjamin, s Georg, m 75 H M Bach, 74 pres, 72 wit (ACW 91 ERB)

Glaner, Christina, 1781, d Johann (ERB)

Glaner (Glamer, Glauer), Georg, 1704, Salz fr Radstadt, t9, h Gertraut Lemmhoffer, 50 m Sibilla Zant, gr 50 Ebenezer, 56, 6l, 55 CB Ebenezer, dd 71 (E CB CR 6 27 30 EC DR 7 8 10 11 12 15 ERB ECGM GD)

Glaner, Gertraut, née Lemmhoffer, sister Veit, 1703, Salz fr Radstadt, lst w Georg, 47 pres, dd 48 (E CR 30 DR 9 11)

Glaner, Hanna Elisabetha, d Matthaeus, w Johann, 79 s Salomo, 81 d Christina (ERB)

Glaner, Hanna Margaretha, née Bach, 75 m Benjamin, 79 d (ERB)

Glaner, Johann, s Georg, h Hanna Elisabetha, 82 pres (ERB PR)

Glaner, Matthaeus, Salz (DR 13 14)

Glaner, Salomo, 1779, s Joh (ERB)

Glantz, Sebastian, 1693, Salz, t2, dd 35 (E DR 2 3 6 8)

Glaner, Sibilla, Salz, 50 m Georg, 57 s Johann, 59 spon, 60 spon, 75 wit 76 leg (ACW 91 ACW 117 ERB PR DR 15)

Glauchenberg, Jacob, 56 Ranger (CSS)

Glauer, Georg, 1708, Salz, dd 71 (ERB)

Glocker (Klocker), Bernhard, 1703, Salz fr Kropfsberg im Zillertal, h Elisabetha, t9, dd 42 (E CR 30 DR 9 10)

Glocker, Elisabetha, 1698, Salz fr Kropfsberg im Zillertal, t9, w Bernhard, dd 42 (E CR 30 GD)

Glocker, Eva, 1733, Salz, t9, d Bernhard, 47 conf, dd 50 (E CR 30 DR 7)

Glocker, Gertraut, 1732, Salz, t9, d Bernhard, 47 conf, 50 m in Goshen (E CR 30 DR 7 14)

Glocker, Paul, 1740, Salz, t9, s Bernhard, dd 41 (E CR 30)

Glocker, Sebastian, 1737, Salz, s Bernhard (E CR 30)

Gnann, Abigail, 1760, d Georg (ERB)

Gnann, Andreas I, 1745, Swab fr Langenau by Ulm, t14, s Georg, 71 m Anna Franziska Rottenberger, gr 73, dd 1800 (ERB ECGM)

Gnann, Andreas II, 1778, s Andreas I, m Agatha Kraemer, 77 pres, 82 pres (GCS 26 ERB)

33

Gnann, Anna, née Gress, Swab, t14, 1st w Georg, ca 45 s Andreas, ca 47 s Mich, 49 s Jacob, 58 d Elisabetha, 60 d Abigail, 62, s Salomo (ERB)

Gnann, Anna Franziska, née Rottenberger, d Christoph, 71 m Andreas I; 72 s Christoph, 74 d Johanna, 75 s Timothaeus, 78 s Andreas, 81 Salome, 87 d Anna Catharina, 91 s Benjamin (ERB)

Gnann, Christian, Swab fr Nerenstetten, t15 (Hacker 210)

Gnann, David, 1764, s Jac II (ERB)

(Gnann, Dorothea, 1769, d Jacob III, m Matthias Salfer II, dd 1847 [ERB])

Gnann, Elisabetha, 1758, d Georg, 54 conf, 75 leg (ACW 21 PR ERB)

Gnann, (Johann) Georg, 1704, Swab fr Langenau by Ulm, t14, bro Jacob I, 44 m Anna Gress, gr 59 Bethany, 65 Bethany, 74 pres, 83 pres, 70 wit (CR 1:565, 8 EC ACW 137 ECGI ERB PR ECGM PCG GD)

Gnann, Hanna, née Metzger, m 73 Jacob II, 73 d Elisabetha, 78 d Margaretha (ERB)

Gnann, Jacob I, 1708, Swab, fr Langenau by Ulm, t15, bro Georg, 59 m wid Maria Margaretha Depp (ERB CR 27)

Gnann, Jacob II, 1727, m Margaretha Depp, née Arnsdorf (ERB PR GD)

Gnann, Jacob III, 1749, s Georg, 73 m Hanna Metzger, 74 pres, 74 wit, dd 1814, 76 wit (ACW 22 ACW 123)

Gnann, Johann, 1760, s Jacob II, 82 pres (ERB)

Gnann, Johanna, 1774, d Andreas I (ERB)

Gnann, Jonathan, 1762, s Jac (ERB)

Gnann, Maria Magdalena, wid Weber, 72 m Michael (ERB)

Gnann, (Maria) Margaretha, wid Depp, 59 m Jacob II, 60 s Johann, 62 s Jonathan, 64 s David, 66 s Jacob, 69 d Dorothea (ERB)

Gnann, Michael, 1747, s Georg, gr 71, 72 m wid Maria Magdalena Weber, née Greiner (ERB ECGM)

Gnann, Salome, 1765, née Weber, w Salomo (ERB)

Gnann, Salomo, 1762, s Georg, m Salome Weber (ERB)

Gnann, Timothaeus, 1775, m Catharina Leinberger (ERB)

Goebel, Anna Barbara, w Johann, 59 spon (ERB)

Goebel, Johann, w Anna Barbara, 59 spon (ERB)

Goebel, Polly, w Nicholas Horton (ERB)

Goering, Maria, 1708, w Simon, Pal (E GD)

Goering, Simon, 1706, Pal (E GD)

Gogler, see Kogler

Grabenstein (Grovenstein), Catharina, née Biddenbach, 63 m Justus, 64 s Christian, 65 s Heinrich Ludwig, 66 d Maria, 69 s Johann Justus, 70 s Heinrich Ludwig, 73 s Christoph, 75 leg (ACW 21 ERB),

Grabenstein, Christian, 1773, s JJ, Ebenezer, 75 leg, dd 79 (ACW 21 ERB PR)

Grabenstein, (Johann) Justus I, 63 m Catharina Biddenbach, gr 65 Bethany, 74 pres, 75 leg (CR 28 II ACW 21 PR ERB ECGM PCG)

Grabenstein, (Johann) Justus II, 1769, s JJ I (ERB)

Grabenstein, (Heinrich) Ludwig I, 75 leg (ACW 21 ERB PR)

Grabenstein, (Heinrich) Ludwig II, 1770, s HL I (ERB)

Grabenstein, Margaretha, leg (PR) pres

Grabenstein, Maria, 1766, d JJ I (ERB)

Graeff, Catharina, w soldier fr Frederica, 52 pres (AG 1930)

Graeff, ____, h Catharina, former soldier at Frederica, 52 pres (AG 1930)

Graeve, see Greve

Grananel, see Graniwetter

Graniwetter (Cranwetter), (Johann) Caspar, 1705, Salz fr Radstadt, t9, h Catharina, dd 48 (CR 30 PR)

Graniwetter, [Anna Catharina, née Stürmer, 1718, Swab fr Noerdlingen, t9, wid Caspar, 49 m Caspar Walthauer, gr 57 Ebenezer [CR 30 DR 10 GD]

Graniwetter, Maria Catharina, d Anna Catharina, gr Ebenezer (EC)

Granwilter, see Graniwetter

Grase, Grass, see Gross

Gravenstein, see Grabenstein

Graves, Margaretha, née Huber, 56 m Samuel Graves (English), 57 d Maria Magdalena, 59 d Elisabetha, dd 57 (ERB AG IV 91)

Greening, see Gruening

Greider (Grider), Johann 58 Ranger (CSS)

Greiner, Andreas I, s Joh Casp, 56 m Barbara Hirschmann, 57 ensign militia, gr 52, 61 CB Halifax, 68 St George, 60 justice of the peace, dd 71 (CR 8 10 27 EC CSS ERB PR DR17 GD)

Greiner, Andreas II, 1712, s Johann Caspar I, 72 wit (ACW 134 CR 10 ERB PR PCG)

Greiner, Anna Barbara, 1741, d Ph Jac (PR)

Greiner, Barbara, née Hirschmann, Swab, t15, 56 m Andreas (ERB PR)

Greiner, Carolina Magdalena, 1731, fr Goettingen, wid Bornemann, 58 m Caspar II, 60 s Christian Philip, 61 gr St George, 63 s Johann Heinrich, 65 d Carolina, 69 d Maria, 73 s Johann (CR 28 I ERB PR)

Greiner, (Johann) Caspar I, 1733, fr Fleinheim in Wurttemberg, gr 61 Halifax, 62 Briar Creek, 73 spon, 71 wit, 75 wit (CR 8 27 28 I&II EC ACW 124 ACW 12 ERB PR GD)

Greiner, (Johann) Caspar II, 1733, s Philip Jacob, 58 m Carolina Magdalena Bornemann, gr 52, m 72 m Johanna Christina Lackner (CR 8 10 27 ERB PR History of Screven County, Ga., ed. Dixon Hollingsworth, 1989, p. 161)

Greiner, Christian Philip, 1760, s (Johann) Caspar I, 73 wit (ERB)

Greiner, (Johann) Jacob, 1766, s Johann Martin (ERB)

Greiner, (Philip) Jacob, s Joh Cap I, gr 52 Halifax, 61 St George, 65 CB Halifax (CR 8 10 27 EC History of Screven County, Ga., ed. Dixon Hollingsworth, 1989, p. 161)

Greiner, Johanna, 1774, d Caspar I (ERB)

Greiner, Johanna Christina, née Lackner, 72 m Caspar II, dd 1811 (ERB)

Greiner, Maria, née Eischberger, w Johann Martin I, 65 s Timothaeus, 66 s Johann Jacob, 68 s Johann, 70 Samuel, 72 d Salome, 75 s Johann Caspar (ERB)

Greiner, Maria Dorothea, dd 70 (ERB)

(**Greiner**, Maria Magdalena, 54 m Michael Weber [ERB])

Greiner, (Johann) Martin I, 63 m Maria Eischberger, gr 52, 68 St Math, 75 wit (CR 10 27 28 II ACW 12 ERB PR)

Greiner, Johann Martin II, 1739, s Philip Jacob, gr 68 Halifax, 76 capt Halifax (ACW 12 PR)

Greiner (Grenier, Gregnier), Peter (Franz), 1733, m Louisiana Catherine Mallett, 60 wit, gr 68 St Math (CR 28II CBJ PR ECGM)

Greiner, (Johann) Philip, 1779 in military (MCG CR 10 GD)

Greiner, Salome, 1772, d Martin (ERB)

Greiner, Samuel, 1770, s Martin (ERB)

Greiner, Timothy, 1765, s Martin (ERB)

Gress (Grase), Apollonia, 1745, dd 66, gr 55 St Math, dd 66 (CR 28 II ERB)

(**Gress**, Elisabetha, 1745, 60 conf, 66 m J Oechsele [ERB AG IV 127 DR17])

Gress, Georg, Swab fr Langenau, 60 pres Bethany (AG IV 127)

(**Greuser**, Barbara, 56 m Joh Con Frickinger [ERB])

Greve (Graves, Groves, etc), Anna Catharina, née Heinrich, 56 m Johann Heinrich, 57 d Maria Magdalena, dd 57 (ERB)

(**Greve** (Graeve), Carolina Magdalena, 1731, fr Goettingen, 46 m (Johann) Christoph Bornemann, 59 m J C Greiner, dd 73 (Bornemann Journal, Ga. Hist. Soc., Savannah ERB)

Greve, (Johann) Georg, gr Beth (ECGM)

Greve, Johann Heinrich, fr Celle in Hanover, h Louisa Margaretha, ar 52, gr 52 Briar Creek, dd 59 (CR 6 ERB DR 15 GD)

Greve, Louisa Margaretha, née Schwichhoffer, fr Celle in Hanover, w Johann Heinrich, ar 52, dd 56 (Bornemann Journal, Ga. Hist. Soc., Savannah DR17 GD)

Grien (Gruen?), Johann II, 56 CB Acton (CB GD)

Grienger, see Greiner

Grill, see Krell

Grimmiger, Andreas, 1708, Austrian, t6, h Sabina, 40 m Anna Maria Bischoff, 51 in Pa. (E EC EP CR 20 DR 3 5-9 AG 243 GD)

Grimmiger, Anna Maria, wid Bischoff, Pal, t8, 40 m Andreas (DR 8 9)

(**Grimmiger**, Catharina, 1735, d Andreas, 41 pres, 52 conf, 58 m Johann Schneider [E EP ERB DR 3589 15])

Grimmiger, Sabina, 1710, Austrian, t6, 1st w Andreas, dd 36 (E CR 20 DR 3 6)

Groener, Barbara, Swab fr Altheim, t15 (Hacker GD)

(**Groll**, Anna Catharina, 69 m J P Freyermuth) [ERB]

Groll, Anna Margaretha, w Matthias, 75 spon (ERB)

Groll, Johann, Swab, t14, dd by 55 (EC DR 15 GD)

(**Groll**, Maria Ursula, 55 m (Johann) Adam Paulus [ERB])

Groll, Matthias, s Johann, h Anna Mararetha, gr 59 Bethany (CR ERB 8 EC ECGM)

(**Gronau**, Catharina, 1716, Salz, tl, née Kroehr, d Barbara Rohrmoser, 34 m Israel, 46 m Lemke, dd 76 [DR 6 GD])

Gronau, Israel Christian I, 1714, fr Koppenstedt, t1, 34 m Catherina Kroehr (E EC DR 6 GD)

Gronau, Christian Israel II, s Israel I, dd 42 (DR 9)

(**Gronau**, Friederica Maria (Maria Friederica), 1743, Salz, d Israel, gr 57; 69

m Triebner, dd by 1788 [ERB ECGM GD])

(**Gronau**, Hanna Elisabetha, 1738, d Israel, gr 57 Ebenezer, 58 m Wertsch, dd 69 [CR 28 I ECGM GD])

Gronau, Timothaeus, s Israel Chr (GD)

Groner, Maria, see Schlumberg

Gross (Grase), Apollonia, wid Georg, gr 65 Black Creek (ECGM)

Gross, Elisabetha, d Apollonia, gr 65 Black Creek (ECGM)

Gross, Georg, h Elisabetha, 1716, gr 60 Bethany, dd 61 (EC ERB)

Gross, Michael, Swab fr Leutzhausen by Ulm, t15, gr 52 (CR 27 Hacker 212, 260 GD)

Grovenstein, Grovenstine, see Grabenstein

Grover, Groover, see Gruber

Gruber, David, 1770, s Georg (ERB)

Gruber, Elisabetha I, née Schwarzwaelder, Pal, 58 m Georg, 60 s Georg, 62 s Johann Jacob, 64 s Salomo, 67 d Elisabetha, 69 s Johann, 72 s David, 78 d Salome (ERB)

Gruber, Elisabetha II, 1767, d (Joh) Georg (ERB)

Gruber, (Johann) Georg, Swab, t14, 58 m Elisbeth Schwarzwaelder, 74 pres (CR 8 EC DR 6 17 ERB ECGM Hacker GD)

Gruber, Hans I, 1689, Salz fr Gastein, tl dd 34 (E DR 3 6 ECGM)

Gruber, Hans II, s Hans I, 41 pres, 55 CB Ebenezer, gr 56 Ebenezer (ERB ECGM)

Gruber, Johann I, s Peter I, 54 conf, gr 65, 65 m M M Kalcher, 64 wit (ACW 50 CR 7 10 EC CB DR 8 14 ECGM ERB)

Gruber, Johann II, 1776, s JG I (ERB)

Gruber, Johann Jacob, 1762, s Georg (ERB)

Gruber, Johannes, 1769, s Georg (ERB)

Gruber, Josua, 1772, s Johann Gruber of Ogeechee (ERB)

Gruber, (Maria) Magdalena, née Kalcher, Salz, 65 m Johann, 66 s Johann, 69 s Salomo, 72 s Josef, 78 spon, 78 s William (ERB)

(**Gruber**, Maria, née Kroehr, Salz, tl, wid Mosshamer, wid Peter Gruber, by 50 m Carl Flerl [DR 5 6 9])

Gruber, Peter I, 1700, Salz fr Gastein, s Hans, tl, 36 m wid Mosshamer, dd 40 (E DR 2-8)

Gruber, Peter II, s Peter I

Gruber, Salome, 1778, d Georg (ERB)

Gruber (Gruver), Salomo I, 1764, 91 m Hanna Elisabetha Paulitsch (Powledge) (ERB)

Gruber, Salomo II, 1769, s Joh (ERB)

Gruber, Wilhelm, 1778, s Joh (ERB GD)

Gruening (Greening), Abraham, Sw, ar Ga ca 1736 with Moravians, 42 fulfilled indenture, 47 lieutenant at Port Royal (E CR 2 30 DR 3 5 8 11 GD); dep Burgistein in district of Seftigen, Canton Bern ca 1730 (FB II 47). = Abr Greenage, 66 CB Great Ogeechee

Gschwandl, Margaretha I, née Hofer, 1712, Salz, tl, lst w Thomas I, dd 35 (E CR 20 DR 2 6 8)

Gschwandl, Margaretha II, 1732, d Thomas, 51 m Joseph Schubdrein, dd 61 (E DR 6)

Gschwandl, Sibilla, née Schwab, 1698, Salz, wid Resch, 38 m Thomas I, dd 58 (DR 6 ERB)

Gschwandl, Thomas I, 1695, Salz fr Guet Niederberg, Faschingber in Gastein, expelled 33, tl, h Margaretha I, 38 m wid Sibilla Resch, 55 CB Eb, gr 57 Mill District, dd 61 (E CB CR 7 EC DR 1-11 13-15 ERB ECGM GD)

Gschwandl, Thomas II, s Thomas I (ERB)

Gschwandl, _____, d Thomas, w Joseph Schubdrein

Guenther, _____, merchant helper, Swab, t15

Guering, (Anna) Maria, 1708, Pal, t8, w Simon (E EP)

Guering (Gering, Guerin), Simon, 1706, Pal, t8, h Anna Maria, 58 Vernonburg (E EP CR 6 7 EGC) (Kender EC)

Gugel (Kugel), Anna Maria, w Johann I, 57 s Johann Christoph, 58 s Samuel, 61 s Johann, 62 d Salome, 64 s David, 68 s Josua, 88 leg (AWCC 49 ERB)

Gugel, (Johann) Christian, s Johann, 74 pres, 88 leg, 92 m Sophia Fahm, dd 1815 (ACWW 49)

Gugel, Christina, administratrix (PR)

Gugel, (Johann) Christoph, 1757, s Johann I, 78 military, 82 pres, 88 leg (GCS ACWW 49 ERB)

Gugel, Daniel, 1766, s Matthias (ERB)

Gugel, David, 1764, s Johann I, 88 leg, 89 m Magdalena Walthauer, dd 1842 (ACWW 49 ERB)

Gugel, (Charlotte) Dorothea, d Johann I, m Rieser

(**Gugel**, Hanna Elisabetha, m Matthias Eischberger, 66 s Daniel, 72 m Nikolaus Michel ERB)

Gugel, Johann I, Pal, t12, buys freedom, h Anna Maria, gr 57 Bethany, 60, 65, 83 pres, 86 will (CR 26 EC AWC 49 ERB ECGM)

Gugel, Johann II, 1761, s Johann I (ERB)

Gugel, Josua, 1768, s Johann I, m Sophia, dd 1801 (ERB)

Gugel, Maria Anna, 1732, dd 1800 (ERB *Ga. Gazette* 10/8/1800)

Gugel (Coogle), Matthias, Pal, t12, sv Matthias Zettler, gr Acton, 58 buys lot in Sav, 59 sells lot, gr 59 Vernonburg, 61 Bethany dd 65 (CR 6 8 26 EC ECGC DR 9 CCB ERB PR ECGM GD)

Gugel, Salome, 1762, d Johann I, m Peter Millen

Gugel, Samuel, 1758, s Johann I, 88 leg, 85 m Hanna Walthauer (ERB ACWW 49 *Ga. Gazette* 10/20/1785)

Gugel, Sophia, d Johann I, m Fahm

Gugel, _____, w Matthias, 66 s Daniel

Guindre, Guinere. See Gunter

Gunter (Guinter, Gurndre), Anna, d Anna Monfort, w David, 62 leg (ACW 96 PR)

Gunter, Caleb, 47 rower (CR 36)

(**Gunter**, Catharina, Pal, t12, 49 m Matthias Seckinger)

Gunter (Guinter), David, h Anna, gr 62 Christ Church, 63 Highgate (E EC ECGC PR GD)

Gunter (Gender), James, 62 Ranger (CSS GD)

Gunter (Gender), Peter, 62 Ranger (CSS ECGP GD)

Guring, see Goering

Gurndre, see Gunter

Habacher, see Hapacher

Haberecht, Gottfried, Moravian, h Rosina, ar 36, dep 37, dd 1784 (E EP Fries CR 29)

Haberecht, Rosina, Moravian, w Gottfried, ar 36, dd 36 (E Fries)

Haberer, (Anna) Barbara I, née Franck, 1701 Swab fr Bopfingen, t9, w Michael, dd 70 (E CR 30 DR 9 ERB)

Haberer (Huberer), (Anna) Barbara II, 76 leg (ACW 117 E ERB PR)

Haberer, (Joh) Christoph, 1741, Salz, t9, s Michael (CR 30)

Haberer, (Anna) Eva, wid Weidmann, 71 m Michael, 74 d Anna Margaretha, 79 spons, 76 leg (ACW 117 ERB PR ECGM)

Haberer (Kalberer), (Johann) Michael, 1714, Salz fr Werffen, t9, h Barbara, 71 m Anna Eva Weidmann, gr 54, 56 Ebenezer (E ERB CR 7 30 EC DR 7 9)

Haberer, Walburga, 1723, Salz fr Werffen, d Michael

Haberfehner, Franz, 1686, Austrian, t6, dd 36 (E CR 20 DR 3 6)

Haberfehner, Magdalena, 1724, Austrian, t6, d Franz, dd 40 (E CR 20 DR 3 6)

Haberfehner, Maria I, 1689, Austrian, t6, w Franz, dd 36 (E CR 20 DR 3 6)

Haberfehner, Maria II, Austrian, t6, d Franz, dd 36 (E CR 20 DR 3 6)

Haberfehner, Susanna, 1722, Austrian, t6, d Franz, 4l pres (E CR 20 DR 5 6 8)

Haberland, Georg, Moravian, ar 35, dep 37 (E Fries CR 29)

Haberland, Michael, Moravian, ar 35, dep 37 (E Fries CR 29)

Hack, Haeck, see Heck

Haeckel (Hekel), Catharina, 78 spon (ERB)

Haeckel, Christoph Friedrich, 1772, s Johann (ERB)

Haeckel (Heckall), (Johann) Georg, Swab fr Holzkirch by Ulm, t15, gr 57 Ebenezer, 64 wit, dd 72 (ACW 50 EC CB ERB PR ECGM Hacker 215, GD)

Haeckel, Johann, Swab fr Langenau by Ulm, t15, 55 CB Eb, gr 65, 71 m (H)anna Margaretha Heinrich, 74 pres, dd 77 (CR 28 II CB ECGM ERB Hacker 215 MSG)

Haeckel (Hatcher), (Anna) Margaretha, née Heinrich, 71 m Johann, 72 s Christian Friedrich, 74 s Christoph Friedrich, gr 75 Ebenezer (ECGM ERB)

Haeckel, Thomas, Swab fr Langenau, gr 52 (CR 27)

(**Haeckel**, Ursula, 71 m Michael Heinsmann [ERB])

(**Haefner** [Havener], Anna Maria, Pal, d Conrad, ar 35, 54 conf, 58 m Jacob Haeussler [ERB])

(**Haefner**, Christina Barbara, Pal, d Conrad, 60 m C Gerber [ERB] AG IV 171)

Haefner, Conrad, Pal, 43 applies for lot Acton (CR 6 270 GD)

Haefner, Johann Georg (Joerg), 1735, Pal, s Paul, t7, 48 ar Ebenezer, dd 50 (E EP DR 11 14)

Haefner, Maria Dorothea, 1728, Pal, t7, d Paul, 52 conf, dd 63 (E EP ERB DR 15)

Haefner, Paul, 1707, Pal, t7, h Pieta Clara, gr Vernonburg, dd by 48 (E EP EC)

(**Haefner** (Hauvener), Pieta Clara, 1711, Pal, t7, wid Paul, 48 to Ebenezer fr Vernonburg, m Straube, dd 62 [EC DR 15 ERB EP GD])

Haeg, Anna Maria I, 1695, Sw, t10, w Johann Ulrich (E CR 30)

Haeg, Barbara, sw 1723, Sw, d Johann Ulrich, t10, (E CR 30); (Barbel Hagj, sis Hans Jacob, bap 1718, dep Cappel, Canton Zurich Aug 34 [FB I 41])

Haeg, Catharina, sw 1732, Sw, t10, w Hans Ulrich (E CR 30)

Haeg, Hans Jacob I, 1728, Sw, t10, s Johann Ulrich (E CR 30)

Haeg, Hans Jacob II, 1736, sw, t10, s Hans Ulrich (E CR 30)

Haeg, Hans Michael, 1732, Sw, t10, s Johann Ulrich (E CR 30)

Haeg, Hans Ulrich I, 1708, Sw, t10, h Maria (E CR 30)

Haeg, Hans Ulrich II, 1730, Sw, t10, s Johann Ulrich (E CR 30)

Haeg, Johann, 1721, Sw, t10, s Johann Ulrich (E CR 30)

Haeg, Johann Ulrich, 1695, Sw, t10 (E CR 30)

Haeg, Maria I, 1708, Sw, t10, w Hans Ulrich I (E CR 30)

Haeg, Maria II, 1725, Sw, t10, d Johann Ulrich (E CR 30)

Haeg, Maria Anna, 1695, Sw, t10, w Johann Ulrich (E CR 30)

Haeg, Verena (Ferena), Sw 1735, d Johann Ulrich, t10 (E CR 30); (Vrenelj Hagj, 1721, dep Cappel 34, sis Johannes [FB I 41])

Haener, Elisabetha I, 1703, Sw, t10, w Nikolaus I (E CR 30); (Elsbeth, née Roppel, 1705, w Claus, dep Fuellinsdorff in Canton Basel in 1741 [FB II 134])

Haener, Elisabetha II, wid Morgan, 2nd w Nikolaus I, 91 leg (ACWW 57)

Haener, Elisabetha III, 1734, Sw, d Nikolaus I, t10 (E CR 30); (Elsbeth I, bapt 33, d Elsbeth, [FB II 134])

Haener, Johann, Sw 1730, t10, s Nikolaus I, gr 54 Little Ogeechee, 55 CB Little Ogeechee, 61 Christ Church (E CR 8 27 28 30 I EC PR CB ECGC); (bapt 1729 [FB II 134])

Haener, Josef, Sw 1737, t10, s Nikolaus I, 54 gr Little Ogeechee, 59 gr Christ Church, dd 41 (E CR 8 30 EC); (bapt 1738 [FB II 134])

Haener, Margaretha, Sw 1732, t10, d Nikolaus I (E CR 30); (bapt 31 [FB II 134])

Haener, Maria Apollonia, administratrix (PR)

Haener, Nikolaus I, 1705, Sw, h Elisabetha I, t10, 42 gr Vernonburg, 55 CB Acton, dd by 55 (E CR 5 30 EC PRGD); (Claus B Haener, shoemaker aged 35, dep Fuellinsdorf 41 [FB II 134])

Haener, Nikolaus II, Sw 1726, t10, s Nikolaus I, gr 4 Vernonburg, 64 Christ Church, 65 Ranger, 80 Loyalist, 91 will, dd 91 (CGHS 3:302-303 E CR 2 5 30 ECGC CSS ACWW 57 *Ga. Gazette* 6/2/1791GD); (36 bapt [FB II 134])

Haener, Nikolaus III (?), 92 wit (ACWW 128). Possibly some of the items above belong to him.

Haener, Verena (Ferena E), Sw, t10, d Nikolaus I, t10, 96 leg (E CR 30 ACWW 57); (bapt 40 [FB II 134])

Haeussler (Heusler), Anna Maria, née Haefner, Pal, 58 m Jacob, 59 d Hanna Margaretha, 61 d Christina, 78 d Hanna (ERB)

(**Haeussler**, Barbara, wid Lackner, 58 m J M Zischler [ERB])

(**Haeussler**, Christina, 1721, Salz, t9, fr Memmingen, 42 m Zuebli (CR 30 DR 9 ERB)

Haeussler, (Johann) Jacob, 58 m Anna Maria Haefner, 74 pres (ERB)

Haeussler, Johann, fr Hirben in Wurttemberg, 79 spon (ERB)

(**Haeussler**, Margaretha I, 72 m J N Schubdrein [ERB])

Haeussler, Margaretha II, 1759, d Jac (ERB)

Haeussler, Maria Magdalena, 1781, d Joh (ERB)

Hagemeyer, Euphrosyna, 1722, Swab fr Blaubeyern, t15, d Juliana, dd 53

Hagemeyer, Juliana, 1682, Swab fr Blaubeyern, t15, gr 52, dd 52 (CR 27)

Hagen, Josef, Moravian, ar 40, dep 42 (Fries CR 5 GD)

Hague, see Hauge

Haid, see Heidt

Haidler, David, 1768 (Records of Effingham County, ed. Caroline Wilson, Easley, S.C. 1976)

Haidler, Peter (as above)

Haidler, ____, w Peter (as above)

Haisler (Heisler), David, 54 late fr Germany, requests land at Hampstead, gr 54 (CR 6 27)

Haisler, Georg, 61 survey Bethany, 59 Ranger, gr 59 Hampstead, 68 CB St George, 80 Loyalist, 86 wit (CGHS 3:302-303 ACWW 103 ECGM CR 10

ECGC CSS GD)

Haisler (Hiesler), (Johann) Jacob, gr Vernonburg (EC not entirely legible) (GD)

Haisler, Johann, 6l survey Bethany (ECGM)

Haismere, Catharine, 1702, Pal, t7, w Martin (E)

Haismere, Clement, 1733, Pal, t7, s Martin (E)

Haismere, Martin, 1693, Pal, t7, h Catherina (E)

Halter, Anna, 1739, Sw, t10, d Hans Kunrath I (E CR 30)

Halter, Barbara I, 17l0, Sw. t10, w Hans Kunrath I (E CR 30)

Halter, Barbara II, 1735, Sw t10, d Hans Kurath I, dd 41 (E CR 30)

Halter, Barbara III, 1737, Sw, t10, d Hans Kurath II (E)

Halter, Catherina, 1738, Sw, t10, d Hans Kurath II (E CR 30)

Halter, David, 1733, Sw, t10, s Hans Kurath II, dd 4l (E CR 30)

Halter, Elisabetha, 1699, Sw, t10, w Hans Kunrath II (E CR 30)

Halter, Hans Kunrath I, 1697, t10, dd 41 (E CR 30)

Halter, Hans Kunrath II, 1703, Sw, t10, h Barbara II, dd 4l (CR 30)

Halter, Martha, 1730, Sw, t10, d Hans Kurath II, dd 4l (E CR 30)

Halter, (Hans) Ulrich, 1731, Sw, t10, s Hans Kunrath II, dd by 42 (E CR 6 30)

Haltz (Halter?), Ulrich Johann, Sw, t10, 42 crop (CR 2 30:619 GD)

Hamilton, Regina Charlotte, fr Silesia, w Henry Hamilton, ar 41, (DR 8)

Hamm, Johann, gentleman, gr 54 Black Creek, 55 Sav (CBJ ECGC EC CR 7 8 27GR)

Hammer, Anna Rosina, 1717, Saxon, t14, w Peter, dd 60 (ERB AG IV 163)

Hammer, (Hanna) Elisabetha, 1743, Saxon fr Dietzdorf, t14, d Peter, dd 63 (CRI:565 [ERB])

Hammer, Johann Daniel, 79 wit, 80 Loyalist (AWCC 72 CGHS PR 3:302 CR 38II 314 PR)

(**Hammer**, Maria Rosina, 59 m Gregorius Stierle [ERB GD])

Hammer, Maria Theresia, 1693, Salz, t6 [no evidence of ar] (CR 20)

Hammer (?Hamer), Michael, gr St Andrews (ECGA PR GD)

Hammer, Peter, Saxon fr Chemnitz, t14, h Anna Rosina, gr 58 59, dd 65 (CR 7:776 AG 204 434 EC ERB ECGM DR 15)

Hammer, Samuel, gr 59 Vernonburg (CR 8 28 I ECGC GD)

Hanauer (Hanoun, Hanuren, Hanovren), Maria Luvis, 1721, Pal, t7 (E EP)

Handley, Wm (?), gr 62 St Math (CR 28 I)

Hangleiter, Agatha, 1765, d Johann I (ERB)

Hangleiter, Beata, dd 68 (ERB)

(Hangleiter, (Anna) Catharina, d Johann I, 73 spon, 74 m J Christian Kraemer II, 94 m Daniel ERB)

(Hangleiter, Hanna Elisabetha, 1759, d Johann I, 78 m J. C. Buntz, dd 79 [ERB])

Hangleiter, Johann I, 1732, Swab fr Niederstotzingen, t14, h Ursula, gr 57 Bethany, 65, 66 Turkey Branch, 73 spon, 74 m Maria Magdalena, 73 wit, dd ca 89 (CR 28 I EC ACW 116 PR ECGM GD)

Hangleiter, Johann (Jacob) II, 1762, s Johann I, m Catharina, dd 93 (PR)

Hangleiter, Joseph 83 vestryman (AG IV 176 GD)

Hangleiter, Maria Magdalena, 1758, 74 m Johann (Jacob) I, 77 s Christian, 83 spon (ERB)

(Hangleiter, Salome, d Johann (Jacob) I, m Jacob Metzger II, 81 spon [ERB])

Hangleiter, Ursula, 1729, t14, 50 m Johann I, 58 d Maria Magdalena, 59 d Hanna Elisabetha, 62 s Johann, 65 d Agatha, 69 d Johanna, dd 73 (ERB)

Hannault, see Hunold

Hanner, see Haener

Hansler, see Hensler

Hanuren, see Hanauer

Hanver, see Haefner

Hapacher (Happacker), Agnes, w Johann, 58 s Christian (ERB)

Hapacher, Christian, s Johann (ERB)

Hapacher, Johann, h Agnes, gr 52 Blue Bluff, 60 Bethany (CR 8 EC ERB ECGM)

Hapacher, Maria, d Johann, dd 58 (ERB)

Harbeck, Herback, see Herbach

Harberer, see Haberer

Harmann, Dorothea, w Jacob, t11 (CR 30 31)

Harmann (Hermann?), Jacob, h Dorothea, t11 (CR 30 31)

Hart, Michael, 1692, Pal, t7, h Susanna (EP CR 2)

Hart, Susanna, 1683, Pal, t7, w Michael (E EP)

Hartstein, Catharina, 2nd(?) w Joachim, 1803 leg (ACWW 62 ERB)

Hartstein, Hanna, w Joachim, 56 d Catharina (ERB)

Hartstein (Hartstone), Joachim, 1732, h Hanna, gr 61 St Math,1803 will, dd 1803 (CR 8 ERB ECGM ACWW 62 *Sav. Republican*7/14/1803)

Hasenlauer, Elisabetha, née Rau, wid Hunold, 57 m Sebastian, 60 s Jacob (ERB)

Hasenlauer, Jacob, 1760, s Sebastian (ERB)

Hasenlauer (Haselaur), Sebastian, Swab fr Langenau, t15, 57 m Elisabetha Rau, dd 65 (CR 9 ERB Hacker 213 GD)

Hasler, Hassler, Hosler, see Hessler

Hatcher, see Haeckel

Hauge, Georg, gr 59 Abercorn (ECGM)

Haupt, Elisabetha, née Bollinger, w Johann (AWCC)

Haupt, Johann, 85 becomes citizen, dd 94 (CR 19 I *Ga.Gazette* 3/20/1794)

Haus, Conrad, fr Pa, dd 75 (ERB)

Hauvener, see Haefner

Haverfehener, see Haberfehner

Heck Angelica, Swab fr Langenau, 54 conf (ERB)

Heck, Anna Ursula, w Caspar, 57 d Margaretha, dd 57 (ERB)

Heck (Hack), Caspar, Swab fr Sontheim an der Brenz, h Anna, gr 59 Bethany, 62, 65; 83 pres (CR 9 EC AG 525 ECGM GD)

Heck, Dorothea, 1764, d Casp (ERB)

Heck, Georg, h Maria (ERB)

Heck, Johann, 1767, s Casp (ERB)

Heck, Margaretha, d Caspar, 79 spon (ERB)

Heck, Maria, w Georg, 59 d Anna (ERB)

Heckel, Heckall, see Haeckel

Hehler, Gottfried, inv (PR)

Heidt, Abiel, 1765 s Georg, 70 leg (ACW 68 ERB PR)

Heidt, Christian, 1761, 70 leg (ACW 68), 78 Mill District (GCS ERB PR)

Heidt (Hyde), Eleonora, née Kurtz, 1730, Salz, d Matthias, 42 ar, w Georg, 58 s Johann, 61 s Christian Israel, 65 s Abiel, dd 69 (ERB)

Heidt, (Johann) Georg I, Pal, t12, sv Simon Reiter, 55 CB Ebenezer, gr 59 Bethany, 54 m Eleonora Kurtz, 60 Ranger, 70 m wid Maria Magdalena Schleich, 70 will, dd 70 (CR 26 28 EC CB CSS ACW 68 ERB PR ECGM)

Heidt, (Johann) Georg II, 1771, s Johann Georg I (ERB)

Heidt, Israel (Christian), s Georg, 70 leg, dd 75 (ACW 68 ERB PR)

Heidt, Maria Magdalena, wid Schleich, 70 m Georg, I, 70 leg, 71 s (Johann) George II ERB PR)

Heidt (Hides), Michael, 59 lot St Math (ECGM)

Heil, Caspar, 74 pres

Heinle, Angelica, dd 69 (ERB)

Heinle (Hinely, Hinlin), (Maria) Barbara, 1709, Swab, t13, dd 56 (ERB)

Heinle, Christina, wid Meyer, 69 m Jacob I, 72 s Salomo, 72 d Christina, dd 72 (ERB)

Heinle, David, 1765, s Joh (ERB)

Heinle, Hanna Elisabetha, née Thilo, 73 m Jacob, 74 d Salome (ERB)

Heinle, Israel, 1779, s Joh II (ERB)

Heinle (Heinler), (Johann) Jacob, Swab fr Gaerstetten, t13, s Johann I, sv Johann Schmidt, 57 CB Ebenzer, gr 61 St Math, 69 m wid Christina Meyer, 73 m Hanna Elisabetha Thilo, 74 pres (CR 26 EC ERB ECGM GD)

Heinle (Hinlin), Johann I, Swab fr Gaerstetten, t13, sv at mill, dd 51 (CR 26 CB ERB DR 15 GD)

Heinle (Heinley), Johann II, Swab, t13, s Johann I, sv Glaner, 54 conf, 55 CB Ebenezer, gr 59 Goshen, 61; 60 m Maria Kogler, 68 m wid M B Schneider, 74 pres (CR 26 EC ERB PR ECGM DR 15 GD)

Heinle, Maria, 1738, née Kogler, 60 m Johann II, 60 s Johann, 62 s Johann, 65 s David, dd 68 (CR 26 EC ERB)

Heinle, Maria Barbara, 68 m Johann (ERB)

Heinle, Salome, 1774, d Joh Jac (ERB)

Heinler, Heinley, see Heinle

(Heinrich, [Anna] Catharina, 1718, Swab, ar 38, d Peter, w Samuel Greve, dd 57 [E DR 8 EP CR 30 ERB GD])

Heinrich, Eva (Barbara), Swab, 1716, ar 38, d Peter (E EP CR 30 GD)

Heinrich (Henrick), Hans (CR 10)

Heinrich (Henry), Johann Georg, 1727, Swab fr Wuerttemberg, ar 38, s Peter, gr 57 Goshen (CR 30 EC ECGM DR 11)

Heinrich, Juliana, 1684, Swab, ar 38, w Peter, dd 38 (E EP DR 8 CR 22 II 30 GD)

(Heinrich, [Anna] Magdalena, 1719, ar 38, Swab, d Peter, 42 m Sigmund Ott [DR 10])

Heinrich, Margaretha, 1723, d Peter (E CR 30 GD)

(Heinrich, [Hanna] Margaretha, d Georg?, 71 m Johann Haeckel (ERB DR 8)

(Heinrich, [Anna]) Maria, 1732, Swab, ar 38, d Peter, 39 m Paulus Zittrauer [E EP DR 6])

Heinrich, Peter, 1690, Swab, t8, h Juliana, dd 39 (E EP CR 22II CR 30 DR 6 8-10 GD)

Heinsmann, Michael, 7l m Ursula Heckel (ERB)

Heinsmann, Ursula, née Heckel, 7l m Michael (ERB)

Heintz, (Johann) Christoph, fr Wurttemberg, overseer in S.C., 60 m Regina Barbara Hirsch, 78 military (GCS CR 10 ERB AG IV 62, 219 GD)

Heintz, Maria Judith, d Johann Christoph, m Andreas Josiah LeBey (ERB)

Heintz, Regina Barbara, 1726, wid Hirsch, 60 m Johann Christoph, 60 d Maria Judith, 61 s Johann Andreas, dd 64 (ERB)

Heintz, Restor ?, 60 Ranger (CSS)

Heinzelmann, Israel, fr Phila, 73 pres Ebenezer, dd 74 (Muhl GD)

Heirsch, see Hirsch

Heisler, see Haisler

Heissmann, Michael, 74 pres

Heist, Maria Magdalena, w Nathaniel, 75 leg

Heist, Nathaniel, h Maria Magdalena, 75 will

Heldt, Conrad, 1686, Pal (fr Durlach?), t8, h Elisabetha I, dd 40 (E EP GD)

Heldt, Elisabetha I, 1685, Pal, t8, w Conrad, dd 39 (E EP DR 6-8 GD)

(Heldt, Elisabetha II, 1721, Pal, t8, d Conrad, 39 m Gabriel Maurer [E EP DR 6 GD])

Heldt, (Johann) Georg, s Con (DR 8 9 11 GD)

Heldt, Maria, wid Kuenlin, Salz, 1707, t9, 42 m Georg (E DR 11)

Heldt, (Hans) Michael, 1715, Pal, t8, s Conrad, sv cowpen, 42 m Maria

Kuenlin, 54 sells 50 acres in Ebenezer to Michael Schneider, 53 sells lot (E EP CR 6 26 CCB DR 7 8 11 13 14)

Helfenstein, Blandina Magdalena, 1721, ar 46, w Friedrich, 56 d Johanna Friederica, 58 s Daniel, dd 1804. (*Columbia Museum* for 10/13/1804 calls her Platina.) (ERB)

Helfenstein, Christian, Pal, t6, s Johann Jacob I, 4l pres (E DR 8)

Helfenstein, (Maria) Christina, Pal, 1725, d Johann Jacob I, 39conf (E DR 6)

Helfenstein, Daniel, 1758, s Johann Friedrich (ERB)

Helfenstein, (Anna) Dorothea, Pal, t6, w (Johann) Jacob I (E DR 3-9)

Helfenstein, Elisabetha, w Johann, 59 leg (CBJ PR)

Helfenstein, (Johanna) Friederica, 1756, d Friderich (ERB)

(**Helfenstein**, [Maria] Friederica, 172l, Pal, t6, d (Johann) Jacob I, w Thilo [E DR 6 14])

Helfenstein, (Johann) Friedrich, 1723, Pal, t6, s Johann Jacob I, h Blandina Magdalena, 4l pres, gr 46, 55 CB Abercorn, gr 56 62 Abercorn, 58 59 Goshen, 70 St Math (E CB CR 10 26 27 EC DR 4 6 8 ERB ECGM GD)

Helfenstein, (Johann) Jacob I, 1679, Pal, t6, h (Anna) Dorothea, dd 36 (E CCB DR 3 CR 3 6 26 GD)

Helfenstein, ((Johann)) Jacob II, 1727, Pal, t6, s Johann Jacob I, gr 52, 59, 66 Altamaha, 72, 59 wit (E EC CCB CR 10 27 28 I DR 3 6 8 ECGM)

Helfenstein, Jeremias, 1727, Pal, t6 s (Johann) Jacob I, gr 52, 53 wit (E CCB CR 6 10 27 EC DR 5 6 8)

Helfenstein, Johann, 1733, Pal, t6, s (Johann) Jacob I, h Elisabetha, 52 wit, 58 survey Christ Church, gr 59, 70, 63 wit (E PR CR 7 ECGC CCB CBJ DR 6 8 ACW 16 ECGM)

Helfenstein, Maria Platina, see Helfenstein, Blandina Magdalena

Helmle, David, 1778, s Joh Nikolaus (ERB)

Helmle (Helmy), Maria Magdalena, w Nikolaus, 78 s David (ERB)

Helmle, (Johann) Nikolaus, Swab fr Albeck by Ulm, t13, sv Martin Lackner I, h Maria Magdalena, 60 letter home requesting legacy, gr 74 (CR 26 EC ECGM, ERB Hacker 215 GD)

Helvenstine, Helverstein, Helvenstone, see Helfenstein

Hendrick, see Heinrich

Hennery (Heinrich?), Johann, Pal, 42 pres (CR 2 GD)

Henry, Henrick, Hendrik, see Heinrich

Henseler, Anna Barbara, Swab fr Giengen, w Matthias Felzer, t14 (?), demands legacy (Hacker 216)

Hensler (Hansler), (Johann) Jacob I, gr 52, 62 Vernonburg, 61 St Math (EC CR ll 27 ECGC ECGM)

Hensler, (Johann) Jacob II, s Jacob I, gr 52, 6l (CR 27)

Herb, Catharina, d Friedrich I, m Rev Bergmann, 88 leg (AWCC 60)

Herb, Friedrich I, 1728, gr 59 Sav, 62 Ogeechee 88 will, 69 wit (ACW 132 AWCC 60 PR ECGM CR 28 I ECGC GD)

Herb, Friedrich II, s Friedrich I, 88 leg (AWCC 60 PR)

Herb, Georg, s Friedrich I, 88 leg (AWCC 60)

Herb, Hanna, d Friedrich I, m Johann Schmidt

Herb, Johann, s Friedrich I, 88 leg (AWCC 60)

Herb, Maria, d Friedrich I, m Moses Cleland, dd 1846

Herb, Rebecca, d Friedrich I, m Slaughter Cowling

Herb, Ursula, née Peters, 1741, w Friedrich I, 90 leg, dd 1814 (AWC 60 *Savannah Rebublican* 11/19/1814)

Herbach, Caspar, Sw, br Jacob, t7, sv Causton, gr 41 Vernonburg, 54 buys lot at Acton, 59 gr Acton (E CR 5 8 27 30 EC ECGC CCB PR GD)

Herbach, Jacob I, 1707, Sw, br Caspar, t7, sv Abraham de Leon, h Maria Eva, gr 41 43 Vernonburg (E EP CR 2 27 30 EC)

Herbach, Jacob II, s Michael I, 82 leg (AWCC 58)

Herbach, Johann, s Michael I, 82 leg (AWCC 58)

Herbach, Margaretha, d Michael I, 82 leg (AWCC 58)

Herbach, Maria Eva, 1712, Pal, ar 37, w Jacob I (E EP CR 27 GD)

Herbach, Michael I, 82 will (AWCC 58)

Herbach, Michael II, s Michael I, 75 CB Christ Church, 82 leg (AWCC 58)

Herle, Jacob, gr 52 (CR 27)

Hermsdorf, Adolf von, German, ar 36 (E DR 3 CR2:189 GD)

Hernberger, Franz Sigismund, fr Hungary, 1698, t6, 38 m A J Unselt, 40 dep for Pa (E CR 20 DR 3-8)

Hernberger, (Anna) Justina, née Unselt, Pal fr Purysburg, 38 m Franz, 40 dep for Pa (DR 6 7 GD)

Herse, see Hirsch

Herseberger, Francis, 57 lot at Ebenezer (CGM 147)

Hersen (Herson), Hergen, 1737, fr Oldenburg, h Johanna, 75 res in Sav, 80 Loyalist, 86 wit, 93 wit, 93 will, dd 1801 (CR 10 CGHS 3:302 CR 10 PR AWCC 35 49 AoG 62 Muhl *Ga. Gazette* 8/4/1801 GD)

(**Hersen**, Johanna Christina, née Wertsch (Muhl says sister of Melchior Lange), w Hergen, 75 res in Sav, 1801 leg [AWCC 62 Muehl II])

Hert, Michael, 1692, Pal, ar 37, h Susanna (E CR 2)

Hert, Susanna, Pal, ar 37, w Michael (E)

Hertel, ____, 50 Pal butcher in Sav (CR 26)

Hertel, ____, 50 Pal butcher in Sav, bro of above (CR 26)

Herter, Martin ?, 56 Ranger (CSS)

Hertzog, Georg, Swab, t13, dd 51 (CR 26)

Hertzog, Martin, 1700, Salz fr Pinzgau, tl (E EC DR 3-10 GD)

Hessler, Christian, Salz fr Gross-Orel, h Elisabetha, t2, dd 66 (E CR 6 22 I EC DR 3-9 13 15 ERB)

Hessler, Elisabetha, Salz, 1710, wid Pletter, w Christian, 50 pres, dd 65 (ERB AG 33 DR 11 14 15)

Hexler, Johann ?, 56 Ranger

Heyd, see Heidt

Hide, Hides, Hyde, see Heidt

Hierl, Maria, 1711, Salz fr Lichtenstein-Saalfeld, tl (DR 1)

Hiesler, see Haisler

Hinly, Hienly, Hinlin, see Heinle

Hirsch, (Johann) Michael, 1709, Swab fr Augsburg, t15, h Regina Barbara I, gr 52, 53 Ebenezer, 54 survey, 57 Mill District, dd 59 (EC CR 6 27 ERB ECGM GD)

Hirsch, Regina Barbara, w (Johann) Michael, 59 m Johann Christoph Heintz (ERB AG IV 62 GD)

(**Hirschmann**, Barbara, 55 m Andreas Greiner [ERB])

Hirschmann, (Johann) Caspar I, t15, gr 52 Halifax, dd by 1760 (CR 11 27 EC ERB)

Hirschmann, (Johann) Caspar II, gr 52 Halifax, 64 m Rosina Kuebler, after 75 m Sophia, killed by runaway slaves (EC 27 ERB PR GHQ 71 [1987], 391)

Hirschmann, Elisabetha, 1775, d Johann Caspar I (ERB)

Hirschmann, Rosina, née Kuebler, 64 m Caspar I, 75 d Elisabetha, 75 spon

(ERB)

Hirschmann, Salome, 1779, d Joh Casp (ERB)

Hirschmann, Sophia, after 75 m Caspar, 79 d Salome (ERB)

(Hoepflinger, Anna Maria, Salz, 1715, t6, w Hans Flerl [DR 6])

(Hofer, Anna, Salz fr Gastein, 1708, tl, 34 m Georg Schweiger, dd 35 [E DR 1 6])

(Hofer, Margaretha, 1st w Thomas Gschwandel [DR 26])

Hoffmann, Adelhait, 1725, fr Wyla in Canton Zurich, t4, 35 indentured to trustees (E CR 2:l03 FB I 99 GD)

Hoffstaetter (Holstatter, Offstetter), Caspar, 1713, Sw, gr 47 Sav River, 48, 57 St Math, 56 leases lot (E CR 6 27 EC CCB PR, Pfister 92 GD); (dep Birmenstorff, Canton Zurich [FB I 37])

Hoffstaetter (Offstetler), Hanna, Sw, w Caspar (CCB)

Hogstatter (Hoffstaetter?), Andreas, 56 Ranger (CSS)

Holl (?), Salomo, gr 52 (CR 27)

Holland, Johann Georg, 1716, Pal, t8 (E EP DR 6)

Holst, Capt., 73 res in Ebenezer, dd 74 (Muhl)

Holst, Mrs., w above (Muhl)

Holst, ___, child of above, dd 74 (Muhl)

Holsteter, see Hoffstaetter

Holt, Ezekiel, 17ll, Sw, t10, h Magdalena (E)

Holt, Jacob, 174l, Sw, t10, s Ezekiel (E)

Holt, Magdalena, 1713, Sw, t10, w Ezekiel (E)

Holtzendorff, Elisabetha, née Ehrenhardt, 74 m Johann (ERB)

Holtzendorff, Dr. (Johann) Friedrich I, fr Brandenburg, dd by 62 (CR8:769 CBJ GD)

Holtzendorff, (Johann) Friedrich II, s Dr. H, saddler in Sav, h Maria Anna, h Susanna, 62 ensign militia, gr 62 St John, 66 leg, 67 will (CR 5 8 CSS ACW 128 CBJ ACW 69 PR GD)

Holtzendorff, Johann, 74 m Elisabetha Ehrenhardt, 1776 Speaker of the House (ERB GD)

Holtzendorff, Maria, d Friedrich, 68 leg (ACW 69)

Holtzendorff, Maria Anna, w Friedrich, 6l leg, 68 leg (ACW 69)

Holtzendorff, Sara, d Friedrich, 63 leg, 68 leg (ACW 128 ACW 69 PR)

Holtzendorff, Susanna, née Miller, w Friedrich, 71 leg (ACW 95)

Holtzendorff, Wm, 1748, s Friedrich, 83 justice of the peace of Effingham County, 63 leg, dd 1804 (ACW 128 MCG *Columbia Museum* 8/15/1804 PR GD) (Note: the Holtzendorffs were members of a large clan centering around Purysburg). Three of them served under Oglethorpe at Frederica (Stephens II 6)

(**Holtzer**, Catharina, 1724, Austrian, t6, d Susanna, 38 conf, m Peter Arnsdorff, dd 51 [E DR 5-8])

Holtzer, Susanna, Austrian, 1689, t6, wid, dd 37 (E DR 3-6)

Honold, see Hunold

Hopflinger, (Anna) Maria, 1715, Sal, t6, m Hans Floerl (DR 6)

Houlster (Holtzer?), Johann, t8, settled in Hampstead (E)

Hover, Hoover, Houver, see Huber

Huber, Andreas Blasius, 1710, German, t8 (E EP)

Huber, Anna, 1740, Swab, t13, sv J G Meyer (CR 26)

(**Huber**, Anna Barbara, 67 m Johann Lastinger [ERB says Seckinger])

(**Huber**, Anna Maria, 57 m Conrad Eckhart [ERB])

Huber (Hover, Houver), Conrad, gr Acton, 57 m Anna Maria, Ogeechee (CR 28 I EC)

Huber, Gottlieb, gr 75 Acton (ECGC)

Huber, Hans, 1723, Salz, t1, s Lorentz, dd 34 (DR 1 6)

Huber, Helena, Swab, t13, sv L Krause, 50 twins (CR 26)

Huber, Jacob, Swab fr Langenau, t13, Bethany, dd 56 (CR 26 EC ERB Hacker 217 DR 14 GD)

Huber, Johann, Salz, 1723, t1, s Lorentz (E)

Huber (Hoover), Josef, 60 Ranger (CSS)

Huber, Lorentz, 1680, Salz fr Harbach in Gastein, t1, h Maria Magdalena, dd 34 (E DR 1 3 6)

Huber, Magdalena, 1720, Salz, t1, d Lorentz, dd 35 (E DR 6)

(**Huber**, Margaretha, 1728, Salz, t1, d Lorentz, 58 m Samuel Graves (English), 52 pres, dd 1776 [E DR 5 6 8 15 AG 120])

Huber, Maria, 1725, Salz, t1, d Lorentz, dd 35 (E CR 20 DR 1 6)

Huber, Maria Magdalena, 1682, Salz, née Maendelleithner, t1, w Lorentz, dd 34 (E DR 6)

Huber, Sara, Swab, t13, sv J Cornberger (CR 26)
Huber (Hoover), Simon, 60 Ranger (CSS)
(**Huber** [Hover], Susanna, 77 m Johann Merkel [ERB])
Hueter, Anna, wid Gerber, 55 m Jacob (ERB)
Hueter, Jacob, 55 m wid Anna Gerber (ERB)
Humbert, David, fr Purysburg, gr 54 Pipemaker's Creek (EC ECGC)
Humbert, Gottfried, 65 wit (ACW 13 PR)
Humbert, Nathaniel, gr 59 Christ Church (ECGC)
(**Humbert**, Susanna, 57 m Johann Lohrmann [ERB])
Hundredpound (Hundertpfundt?), Jacob, 59 Ranger (CSS)
Hunold, Elisabetha, née Rau, w Johann, gr 57 Bethany (CR 7 ECGM ERB)
Hunold, (Johann) Georg, h Elisabetha, gr before 56, dd before 57 (EC ECGM ERB)
Hyde, see Heidt
Hysler, see Haisler
Ichinger, Annalies, 1729, Pal, t8, Jacob (E EP GD)
Ichinger, Catharina, 1686, Pal, t8, w Jacob I (E EP GD)
Ichinger, Hans Michael, 1724, Pal, t8, s Jacob I (E EP GD)
Ichinger, Jacob I, 1690, Pal, t8, h Catharina (E EP GD)
Ichinger, Jacob II, 1733, Pal, t8, s Jacob I (E EP GD)
Ichinger, Sophia, 1720, Pal, t8, d Jacob I (E EP GD)
Igles, see Eigel
Ihle (Illy), Agnesia, Pal, tll, w Jacob I (CR 31)
Ihle, Andreas, 1732, Pal, tll, s Jacob I (CR 31)
Ihle, Catharina, w Johann, 81 spon (ERB)
Ihle, (Anna) Eva, Pal, tll, w Jacob I, 57 s Johann Jacob, 58 s Johann, 59 s Jonathan, 60 s Samuel (ERB)
Ihle, Hanna, 3rd w Jacob II, 81 d Maria (ERB)
Ihle, Jacob I, Pal, tll, sv Wm Stephens, h Agnesia, h Eva, gr 54 Black Creek, 59 Goshen, 70 Christ Church; 76 2nd Lt, 71 wit (CR 6 7 10 27 31 ECGC ACW 13 ERB ECGM GD)
Ihle, (Johann) Jacob II, 1738, Pal, t11, s Jacob I, 78 m Jane Border, 76 2nd Lt, 71 wit (CR 31 EC PR ACW 13 ERB)

Ihle, Jane, wid Border, 78 m Jacob II (ERB)
Ihle, Johann, 1757, Pal, s Jacob I, t11, h Catharina, 81 spon (ERB)
Ihle, Jonathan, 1759, s Jac II (ERB)
Ihle, Maria, 1780, d Sam (ERB)
Ihle, Maria, 1781, d Jac & Hanna (ERB)
Ihle, Michael, Pal, tll, s Jacob I, gr 53 Goshen, 53 sells lot, 65 Skidoway, 71, 74 St Paul (CR 7 10 31 EC CCB ECGC ECGI ECGP GD)
Ihle, Samuel, 1760, s Jacob I (ERB)
Ihle, _____, w Samuel, 80 d Maria (ERB)
Ihle, Wilhelm, 1735, Pal, tll, s Jacob I (CR 31 PR)
(**Ihler**, Anna Maria, Pal wid fr Purysburg, 38 m Michael Rieser [DR 5])
Iliner, Friedrich Wilhelm, soldier in Col. Wright's battalion (ERB)
Illy, see Ihle
Ingel, Johann, 77 pres (GCS 26)
Intermann, Martin, 63 Ranger (CSS)
Intzig, Valentin, t7 (May not have reached Georgia. GD)
Irick, see Erick
Jackocho, Abraham Friedrich, 78 m Jenny Kain (ERB)
Jackocho, Jenny, 78 m Abraham Friedrich (ERB)
Jacobs, see Jaeckli
Jaeckli, Anna Regina, née Birckholtzer, 64 m Jacob, 80 s Joh Jac I (ERB)
Jaeckli (Jacobs, Yakeley), (Johann) Jacob I, 1739, fr Dietlingen in Durlach, tll, apprentice to Bohrmann, gr 50 St Math, 60 Goshen, 64 m A R Birckholtzer, gr 69 Christ Church, 73 St Math, 82 pres (CR 8 10 31 ECGC ECGM GD)
Jaeckli, (Joh) Jacob II, 1780, s Joh Jac I
(**Jaeschke**, Juliana, Moravian, ar 36, m Georg Waschke, dep 38 (Fries)
Jag, David, Moravian, ar 36, dep 38 (E Fries)
Jansen, Margaretha, wid Leinberger, 64 m Peter (ERB)
Jansen, Peter, 64 m wid Margaretha Leinberger, 62 Ranger (CSS)
Jasper, Sgt. Johann Wilhelm, Pal (GD)
Jeakley, see Jaeckli
Jedermann (?) (Yeater, Yetter), Catharine, administratrix (PR)

Jedermann(?) (Yeter, Yeterman, Yeaterman, Yerleman), Martin, 62 **Ranger**, dd 72 (CSS PR)

Jedermann(?) (Yeater, Yetter), Thomas (PR)

Jett ?, Caspar (ECGM 137)

Johannes, Heinrich, Sw, t4a (CR 20 unpublished. GD)

Jung (Young), Hieronymus, 1697, Pal, t7, h Maria Barbell, gr Vernonburg, dd by 41 (E EC)

Jung, Joerg (Jerrick) Peter, 1724, Pal, s Joerg I, t7, gr Vernonburg, 59 Ranger (E EP EC CSS)

Jung, Magdalena, 1728, Pal, t7, d Hieronymus (E EP)

Jung, Margaretha, 1729, Pal, t7, d Hieronymus (EP)

Jung, Maria Barbell, 1703, Pal, t7, w Hieronymus, gr 42 Vernonburg (E EP CR 6 GD)

Jung, Mariagrot (Mariagrote), 1729, Pal, t7, d Hieronymus (E)

Jung, Wm, 63 wit (ACW 16)

Jungblut (Youngblood), Benjamin, gr 71 St Paul, 73 pres (CR 9 PR)

Jungblut, Johann, gr 62 Christ Church, 71 St Paul (CR 12 ECGC PR)

Jungblut, Peter, gr 59 Vernonburg, 71 St Paul (CR 11 ECGC MCG GD)

Juninger, Abraham, Swab, t13, sv at store in Sav (CR 26)

Junker, Barbara, 1708, Sw, w Hans, t11 (E CR 30); dep fr Oberwinterthur 1742 (FB I 80)

Junker, Hans Adam, 1696, Sw, t10, h Barbara (E CR 30); 1696, dep fr Oberwintertur 1742 (FB I 80)

(**Kaemmel**, Maria, wid, 56 m Jacob Tussing [ERB])

Kaesemeyer, Catharina, 1702, Pal, t7, w Martin (EP DR 8)

Kaesemeyer, Clemens, 1736, Pal, t7, s Martin, 41 pres (EP DR 8)

Kaesemeyer, Dorothea, d Martin, 41 pres (DR 8)

Kaesemeyer, (Johann) Martin, 1693, Pal, h Catharina, t7, gr Ebenezer by 57 (EP DR 7 8 9)

Kalbell, Johann Georg (Error for Gabel?), gr 52 (CR 27)

(**Kalcher**, Hanna Margaretha, ca 1743, d Ruprecht, Salz, 68 m J G Rentz, dd 70 [ERB])

(**Kalcher**, Margaretha, née Gunther, Salz, t2, w Ruprecht, 39 d Maria, 41 d Maria Magdalena, gr Ebenezer, m Christoph Kraemer I [E EC DR 6 8 13

15 ERB GD])

(**Kalcher**, Maria, 1739, d Ruprecht, 54 conf, 58 m Martin Rheinlaender, dd 60 [E DR 6 8 10 ERB])

(**Kalcher**, Maria Magdalena, 1741, d Ruprecht, 65 m J Gruber [DR 8 ERB])

Kalcher, Ruprecht, ca 1710, Salz fr Werffen, t2, h Margaretha, 50 gr Mill District, dd 52 (E EC CR 6 DR 2-9 11 12 14 15 ERB GD)

Kalcher, Ursula, 1736, d Ruprecht, 52 conf, m Christian Buerck, dd 69 (DR 6 8 9 GD)

Kappackere, see Hapacher

Kasmeyer, see Kaesemeyer

Kammer, Peter, gr Ebenezer (EC)

Kaudnoor, Barbara, 1684, Pal, t7, w Lorentz (E)

Kaudnoor, Lorentz, 1683, Pal, t7, h Barbara (E)

Kaudnoor, Maria Barbara, 1711, Pal, t7, d Lorentz (E)

Kaudnoor, Nikolaus, 1716, Pal, t7, s Lorentz (E)

Kaudnoor, Woohee(?), 1724, Pal, t7, s Lorentz (E)

Kaup, Barbara, w Jacob (CR 26)

Kaup, Jacob, Pal, h Barbara, t12, sv to mill (CR 26)

Kaup, Joseph (EC)

Keebler, Kiebler, Kibler, see Kuebler

Keeler, Keelor, see Kuehler

Kegar, s Geiger

Kegel (Kegle), Christian, 67 mentioned (CR 10)

Kegel (Keagle), Georg, 60 Ranger (CSS)

Keibler, see Kuebler

Keiffer, see Kieffer

Keiser, Friedrich, gr 44 Vernonburg (CR 27)

Keller, Adam, 56 Ranger (CSS)

Keller, (Johann) Adam, 61 spon (same as above?) (ERB)

Keller, Anna Elisabetha I, 1699, Pal, t7, w Johann Joerg (Hierick) (E)

Keller, Anna Elisabetha II, 1725, Pal, t7, d Johann Joerg (E PR)

Keller, Hieronymus Jacob, 1735, Pal, t7, s Johann Joerg (E)

Keller, Johann, wit (PR) Same as (Johann) Adam Keller?

Keller, Johann Joerg (Hierick), 1692, Pal, t7, h Anna Elisabetha I, dd 39 (E GD)

Keller, Maria Barbara, 1723, Pal, t7, d Johann Joerg (E)

Keller, Maria Catharina, 1730, Pal, t7, d Johann Joerg (E)

Keller, Maria Dorothea, Pal, t7, Johann Joerg (E)

Keller, Maria Sophia, 1728, Pal, t7, d Johann Joerg (E)

Keller, Mariacker, 1721, t7, d Johann Joerg (E)

Keller, Thomas, 56 Ranger (CSS)

Kemler, Anna Maria, 1754, dd 71 (ERB)

Kemp, Johann, Pal, t7 (E EP GD)

Kemp,___, Pal, w Johann, t7 (E)

Kemp, ___, Pal, child of Johann, t7 (E EP)

Kender, see Gunter

Kensler, Bastian, 1735, Pal, t8, s Christoph, at Frederica (E GD)

Kensler, (Agnesia) Christina, 1699, Pal, t8, w Christoph, at Frederica (E EP GD)

Kensler, Christoph, 1695, Pal, t8, h Christina, at Frederica (E EP GD)

Kensler, (Anna) Margaretha, 1726, Pal, t8, d Christoph, at Frederica (E EP GD)

Kessler, Adam, 70 m Hanna Kieffer (ERB GD)

Kessler, Elisabetha, mo Johann Pletter II, 67 leg (ACW 112 PR)

Kessler, Hanna, née Kieffer, 70 m Adam (ERB)

Kessler, Maria, sis Elisabetha, aunt Johann Pletter II, 67 leg (ACW 112 PR)

Kibler, Kiebler, see Kuebler

Kieffer, Anna Dorothea, w Georg, 57 d Hanna I, 59 s Daniel (ERB DR 8)

Kieffer, Anna Elisabetha, née Depp, Pal, 40 m Jacob I (DR 8 10)

Kieffer, Anna Margaretha, 1692, Pal fr Purysburg, w Theobald I DR 8-10)

Kieffer, Anna Maria, née Winnagler, w Friedrich II, 57 d Maria (ERB)

Kiefer, Balthasar, 61 pres (ERB)

Kieffer, Barbara, 1730, Pal fr Purysburg, d Theobald I

Kieffer, Catharina Liess, 1732, Pal, t7, d Theobald III (E)

Kieffer, Christian, 75 spon (ERB)

Kieffer, Christina, 1758, 73 spon, dd 81 (ERB PR)

Kieffer, Daniel, 1759, s Georg (ERB)

Kieffer (Keiffer), (Joerg) David I, 1719, Pal, s Theobald III of Vernonburg, 42 mentioned, 55 wit, gr 60 Vernonburg, 48 leg, 75, will (E CR 6 EC ECGC CCB ACW 132 AWCC 78 PR GD)

Kieffer, David II, Pal, s David I, 55 surveyor of highways, m Maria Schweitzer (CR 8)

(**Kieffer**, Dorothea I, d Theobald I, 74 m Johann Flerl, 67 leg [ACW 75 ERB PR GD])

Kieffer, Dorothea II, née Reiter, 67 m Jacob II, 68 s Salomo, 73 s Joel, 78 d Lydia (ERB)

(**Kieffer**, Elisabetha Catharina, 1723, d Theobald I, 40 m Matthias Zettler [DR 8 ERB GD])

(**Kieffer**, Elisabetha [Margaretha], 1721, d Theobald I, 67 m Salomo Zant, 67 leg [AVW 75 ERB PR])

(**Kieffer**, Elisabetha Maria, d Thomas, w Nikolaus Kronberger)

Kieffer, Emanuel, 74 pres, 82 pres, 67 leg, 75 wit (ACW 75 116 ERB PR)

Kieffer, (Joerg) Friedrich I, 1730, s Theobald III, gr 42, 56 Vernonburg, 75 leg (E CR 23 EC ECGC ACWW 78)

Kieffer, (Jacob) Friedrich II, s Theobald I, 56 m Anna Maria Winnagler (ERB)

Kieffer, Friedrich III, s Theobald III, 48 leg (ACW 132 EC)

Kieffer, Georg, ca 1726, s Theobald I, h Anna Dorothea, dd 59 (ERB)

Kieffer, Gottfried Israel, 1744, s Theobald II (GHQ 62 [1978] 54)

(**Kieffer**, Hanna I, d Georg, 70 m A Kessler [ERB])

Kieffer, Hanna II, d Theobald I, 67 leg (ACW 75 ERB PR)

Kieffer, Hanna Elisabetha, 1770, d Jacob II (ERB)

Kieffer, Hanna Margaretha, née Schubdrein, Pal, 73 m Israel (ERB)

Kieffer, (Joerg) Heinrich, 1734, Pal, t7, s Theobald III (E EP)

Kieffer, (Johann) Israel, 1757 s Theobald II, 73 m H M Schubdrein, 74 pres, 67 leg (ACW 75 ERB PR GD)

Kieffer, (Johann) Jacob I, 1716, s Theobald I, 40 m A E Depp, dd 47 (DR 6-8 10 11)

Kieffer, (Johann) Jacob II, s Jacob I, 67 m Dorothea Reiter, 64 gr St Math, 68 survey, dd by 83 (CR 9 ERB PR ECGM)

Kieffer, Joel, 1773, s Jac (ERB)

Kieffer, Josua, 1774, s Israel (ERB)

Kieffer, Lydia, 1778, d Jac (ERB)

Kieffer, Judith Christina, d Theobald I, 67 leg (ACW 75)

(**Kieffer**, Margaretha I, 1718, Pal, t7, d Theobald I, 38 m Thomas Bichler [E DR 8 GD])

Kieffer, Margaretha II, 1717, Pal, d Theobald III, dd 39 (E)

Kieffer, Maria I, Salz, d Matthias Bacher, wid Meyer, 42 m Theobald II, 57 s Israel, 59 s Emanuel, dd 65 (ERB AG IV 33 DR 10 11 14 GD)

Kieffer, Maria II, née Schweizer, w David II (CR 8)

Kieffer, Maria Catharina, 1692, w Theo III (E)

Kieffer, Mariabel, 1724, Pal, t7, d Theobald III (E EP)

Kieffer, Ottilie, 1728, Pal fr Purysburg, d Theobald I

Kieffer, Susanna, née Nongasser, w David I, 83 leg (ACWW 78)

Kieffer, (Johann) Theobald I, 1683, Pal fr Purysburg, h Anna Margaretha, 55 CB Ebenezer, gr 51, 52, 60 Ebenezer, 67 will (CR 27 28 I CSS ACW CB 75 PR DR 2-11 13 15 ECGM GD)

Kieffer, (Johann) Theobald II, Pal, 1719, s Theobald I, 42 m wid Maria Meyer I, née Bacher, gr 56, 60, 68, gr Halifax, 57 Ranger, capt. militia, 66 wit (EC CCB CSS ACW 14 ERB DR 5-11 14 15 PR GD)

Kieffer, Theobald III, 1692, Pal, t7, h Margaretha Catharina, gr 52, 59 Vernonburg (E EP CR 6 27 30 EC ECGC ECGI Inv GD). Note: Do not confuse this family with that of Theobald Kieffer of Purysburg, who removed to Ebenezer. The former were Reformed, the latter were Lutheran.

Kieffer, Ursula, 1700, Pal, dd 69 (ERB)

Kieger, see Geiger

Kihleison see Kohleisen

Kikar, German soldier fr Hamburg, 37 sick (DR 5 GD)

Kirchner, Frederick

Kirchner, Elisabetha, d Frederick (GD)

Kirchner, Maria, w Frederick

Klammer (Klamer), see Glaner

Klauser, Anna Catharia, 1704, Pal, t7, w Leopold (E EP)

Klauser, Anna Margarctha, 1737, Pal, d Leupold (CR 31)

Klauser, Jacob, 1740, Pal, s Leopold (CR 3l)

Klauser, Johann Michael Simon, 1734, Pal, t7, s Leopold (EP)

Klauser (Clause), Leopold, 1702, Pal, t7 h Anna Catharina (E EP CR 31)

Klauser, Martin, 1733, Pal, s Leopold

Klein, (Johann) Adam, 1759, s Johann Georg (ERB)

Klein, (Maria) Christina, née Oechsele, 55 m Johann, 59 s Johann Adam, 61 s David, 63 s Jonathan, 65 d Hanna, 70 s David (ERB)

Klein, David, 1761, s Joh Geo (ERB)

Klein, (Hanna) Elisabetha, 1766, d Joh (ERB)

Klein, (Johann) Georg, ca 1737, fr Weiher in Nassau-Saarbruecken, 55 m Christina Oechsele, gr 55 Bethany, 59 Goshen, 69, dd 77 (CR 8 EC ERB ECGM GD)

Klein, Jonathan, 1763, s Johann Georg (ERB)

Klock, Barbara, née Schaeffer, 55 m Caspar (ERB)

Klock, Caspar, fr Purysburg, 55 m Barbara Schaeffer (ERB)

Klocker, see Glocker

Klosmann (Closeman), Friedrich, 68 gr Halifax (ECGP)

Klotz, Johann Gottfried (CBJ)

Knapp, (Johann) Georg, Pal, ar 53, gr 52, 57 Vernonburg (CR 7 27 EC ECGC)

Knapp, Matthias, gr 52 Vernonburg (EC CR 27)

Knippling, (Anna) Catharina I, Pal, t11 (CR 31 GD)

Knippling, (Anna) Catharina II, Pal, t11, d (Anna) Catharina I (CR 31)

Knippling, Jacob, 1739, Pal, t11, s (Anna) Catharina I (CR 31)

Knippling, (Anna) Margaretha, 1736, Pal, t11 (CR 31)

Knippling, Martin, 1732, Pal, t11, s (Anna) Catharina I (CR 31)

Knobeloch, Johann, gr 67 Halifax (CR 10)

Knowart, Kunegunde, Pal wid, 1684, t8 (EP CR 30)

Koecher, Apollonia, née Nissler, 1697, Swab fr Michelsheim, t9, w Georg, dd 51 (E CR 30)

Koecher, (Johann) Georg I, 1701, Salz fr Leichingen, t9, h Apollonia, schoolmaster on plantations, gr 50 (E EC DR 13 CR 6 27 30 GD)

Koecher, (Johann), Georg II, 1732, Salz, t9, s Georg I, 47 conf (E CR 30 DR 10)

Koecher, Maria Helena, Salz, t9, d Georg I (CR 30)

Koeder, Appolonia, 1706 (CR 30)

Koegler, Barbara, née Rossbacher, Salz, t2, wid A Riedelsperger, 37 m Georg Koegler, 38 d, 39 d Margaretha, 57 spon, 59 s Johann, dd 72 (DR 6 14 15 ERB)

(**Koegler**, Elisabetha, d Georg, 69 m J C Wertsch [ERB])

Koegler (Kogler), Georg, 1708, Salz fr Radstadt, t2, 37 m Barbara, wid Riedelsperger, 55 CB Ebenezer, gr 56, dd 66 (E CR 6 7 30 DR 13 15 EC CB ERB ECGM GD)

Koegler, Johann, s Georg, 74 pres, 93 pres (ERB)

(**Koegler**, Maria, 1739, d Georg, 60 m Johann Heinle [DR 6 ERB])

Kogler, see Koegler

Kohleisen, Angelica, 59 spon (ERB)

Kohleisen, Maria, née Wechselberger, 1692, Salz fr Zell im Zillerthal, t9, w Peter, dd 42 (E CR 30 GD)

Kohleisen, (Johann) Peter, 1701, Salz fr Zell im Zillerthal, t9, h Maria, gr 50, 56 Mill District, 55 CB Ebenezer, dd 56 (E CB CR 27 30 EC ERB DR 14 ECGM GD)

Kohler, Barbara, Pal, t12, sv L Krause (CR 26)

Kohlmann?? Cf. Coleman's Creek (ECGM 110)

Kolcher, see Kalcher

Koller, Engel, Swiss, kinswoman of Kruesy (DR 8 GD)

Koller, Maria Anna, d Engel, 4l pres (DR 8)

Kornberger, see Cornberger, Kronberger.

Kraeher, see Kroeher.

(**Kraemer**, Anna Maria, 1724, Pal, d Christoph, t9, 4l m J P Mueller [E EP DR 8])

Kraemer, (Anna) Catharina, née Hangleitner, 74 m Christoph III, 74 s Johann Christoph, 77 d Salome, 8l s Christoph III (ERB)

Kraemer (Krihmer), (Johann) Christoph I, 1689, Pal, t8, h Clara, h Margaretha, dd by 41 (E CB EP ERB GD)

Kraemer (Cremer), (Johann) Christoph II, 1726, Pal, t9, s Christoph I, 47 conf, 52 m Johanna Margaretha, née Mueller, wid Brueckner, 55 CB Ebenezer, 57 ensign militia, gr 57, 59 Ebenezer, 6l Abercorn, 68 St Math, dd 77 (EC EP ERB PR ECGM ECGC)

Kraemer, (Johann) Christoph III, s Christoph II, 74 m Catharina Hangleitner, 76 1st Lt, 71 wit, dd 93 (CR 8 EC CSS ECGI ACW 13 PR ERB)

Kraemer, Clara, 1695, Pal, t9, w Christoph I, dd by 47 (E)

Kraemer, Johanna Margaretha, née Mueller, 1724, Salz, t9, w Christoph I, 69 spon, dd 73 (ERB DR 15)

Kraemer, Josef, pres (PR)

Kraemer, Margaretha, wid Kalcher, Salz, t2, m Christoph I (ERB)

Kraemer, (Anna) Margaretha, Pal, t8, d Christoph I (EP)

Kraemer, Salome, 1777, d 77, mentioned (ERB)

Kraemer, Samuel, dd by 66 (PR)

Kraeuter (Kreuter, Kriuter, Crieter), Johann, Swab, t14, barber, 55 CB (EC)

(Kraeuter, Walburga, wid, 67 m C Oechsele [ERB])

(Kraft, Anna Barbara, née Brant, Swab fr Ravensburg, wid David, 53 m Rabenhorst, 79 will, dd 79 (AWCC 124 DR 15 GD)

Kraft (Croft), Catharina, 1724, Pal, d Peter, t7 (E EP CR 6)

Kraft, David, Swab fr Ravensburg, t14, h Anna Barbara, gr 52 Mill District, dd 52 (CR 7 27 EC ECGM DR 15 GD)

Kraft, Johann Selden, 1729, Pal, t7, s Peter (E EP)

Kraft, Maria Utcroft(?), 1697, Pal, t7, w Peter, gr 43 (E CR 27)

Kraft, Peter, 1697, Pal, t7, h Maria (E CCB EP)

Kraft (Croft),___, Pal wid (= Maria Utcroft?), 43 gr Vernonburg (CR 6 27)

Kranewetter, see Graniwetter

Krauber (Crowber), Georg, gr 60 Bethany (CR 28 I ECGM)

Krause, Barbara, née Einecker, 1704, Salz, t6, sis Gertraut Cornberger, 36 m Leonhard (E DR 6 ERB)

Krause, Elisabetha, d Samuel (ERB)

Krause, Jacob, h Susanna (ERB)

Krause, Judith, née Flerl, 64 m Samuel, 65 d Salome, 77 spon (ERB)

Krause, Leonhard, 1715, Salz fr Radstadt, t6, 36 m Barbara Einecker, 55 CB Ebenezer, gr 56 Mill District, dd 62 (E CB ERB CR 7 20 EC DR 6 13 14 EGCP ECGM GD)

Krause, Margaretha, d Jacob (ERB)

Krause, Samuel, s Leonhard, 64 m Judith Flerl, gr 64; 68 CB St Math, 77 spon, 83 justice of the peace for Effingham County, 67 wit (ACW 122 ERB PR ECGM GD)

Krause, Susanna, w Jacob (ERB)

Krause, Thomas (Stueckhauptmann), t15, gr 52 (CR 27 DR 15 GD)

Krauss, see Krause

Krauter (Crowter)?, Thomas, 60 Ranger (CSS)

Krell, Waldburga, 1723, t9 (E EP)

Kremp, Anna Margaretha, 1736, Pal, t8, d Johann (E EP DR 6)

Kremp, Catharina, 1728, Pal, t8, d Johann (E EP DR 6)

Kremp, Johann, 1703, Pal, t8, h Sophia (E EP DR 6)

Kremp, Johann Ulrich, 1734, Pal, t8, s Johann (E EP DR 6)

Kremp, Maria Magdalena, 1731, Pal, t8, d Johann (E EP DR 6)

Kremp, Sophia, 1698, Pal, t8, w Johann (E EP)

Kress, Elisabetha I, 1701, Sw, t10, w Hans Kurath Kuradi, dd 4l (E CR 30)

Kress (E says Kreu), Elisabetha II, 1721, Sw, 10, d Hans Kurath, dd 41 (E CR 30)

Kress, Friedrich, 1734, Sw, t10, s Hans Kurath, dd 4l (E CR 30)

Kress, Hans Kurath, 1696, Sw, t10, h Elisabetha I, dd 4l (E CR 30)

Kress, Heinrich, 1729, Sw, t10, s Hans Kurath, dd 4l (E CR 30)

Kress, Verena (Ferena), 1719, Sw, t10, d Hans Kurath (E CR 30)

(Kroeder [Kreder], Apollonia, 1709, Salz, t9, 42 m Paul Mueller [E CR 30])

Kroeher, Barabara, see Rohrmoser

(Kroehr, Catharina, 1715, Salz fr Saalfeld, tl, d Barbara Rohrmoser, 34 m Gronau, 46 m Lemke [E DR 6 GD])

(Kroehr, Gertraut, 1717, Salz fr Grossarl, tl, d Barbara Rohrmoser, 35 m Boltzius E DR 2 6 PR GD])

(Kroehr, Maria, 1705, Salz, tl, sis Barbara Rohrmoser, 36 m Peter Gruber, by 50 m Carl Flerl [DR 6])

(Kronberger, Christina Elisabetha, d Johann, m Salomo Schrempff, m Johann Arnsdorff [ERB])

Kronberger, (Johann) Christoph, 1757, s Nikolaus (ERB)

Kronberger, Elisabetha Margaretha, née Kieffer, w Nikolaus, 57 s Johann Christoph, 74 spon (ERB)

Kronberger, Hanna Friederica, 59 conf, dd 68 (ERB)

Kronberger, Jacob I, gr 59 Ebenezer, 68, 69; 71 wit, 70 wit (CR 19 I ACW 68 ACW 13 PR ECGM DR 14)

Kronberger, Jacob II, s Jacob I (CR 19 I PR ERB PCG)

Kronberger, Johann, h Lucia, gr 57 Ebenezer, dd 70 (EC CB ERB ECGM)

Kronberger, Johann C, 77 pres (GCS 26 PCG)

(Kronberger, Johanna, 69 m Friedrich Roesberg [ERB])

Kronberger, Lucia, w Johann, 69 spon (ERB)

Kronberger, Margaretha Elisabetha, w Nikolaus (ERB DR 15)

Kronberger, Nikolaus, 1717, fr Purysburg, h Maria Elisabetha, gr 50 opposite Purysburg, 57, 59, 60 Ebenezer, dd 75 (CR 7 27 EC ECGI ERB PR DR 15 ECGM)

Kruesy, Adrian, 1729, s Hans, 4l pres, 47 conf, dd 5l (DR 8 15 GD)

Kruesy, Hans, Swiss fr Purysburg, gr Mill District, dd ca 50 (DR 5-10 GD)

Kruse (Krause), Johann (EC)

Krutmann, Edward, musician fr Westphalia, date ar unknown, 87 will (ACWW 79)

Kuebler, Adam, 62 wit (ACW 96 PR)

(Kuebler [Keebler], Anna Catharina, d Jacob, 58 m Lucas Moser [ERB])

Kuebler, (Anna) Catharina, w Jacob, 56 s Georg Jacob, dd by 64 (ERB)

Kuebler, Elisabetha, née Reiter, w Jacob, 78 s Jeremias (ERB)

Kuebler, Georg Jacob, 1756, s Jac (ERB)

Kuebler, Hanna, fr Goshen, 74 spon (ERB)

Kuebler (Keibler), (Johann) Jacob, 1740, Swab fr Magstadt, t12, h Catharina, River Ness, 55 CB Goshen, 57 gr Abercorn, 57 gr Goshen, 64 m Elisabetha Reiter, 76 capt (CR 7 26 EC CB ERB PR ECGM GD)

Kuebler, Jeremias, 1778, s Joh (ERB)

Kuebler, Matthaeus, gr 59 Christ Church, 6l St Math (CR 28 I)

(Kuebler, Rosina, 1744, d Joh Jac, 64 m J C Hirschmann [ERB])

Kuebler ?, ___, 43 wid at Vernonburg (CR 6)

Kuehler (Kuler, Keeler), Anna Elisabetha I, 1699, Pal, t7, w Johann Joerg, 42 gr Vernonburg (CR 6 EP)

Kuehler, Anna Elisabetha II, 1725, Pal, t7, d Johann Joerg (CR 6 EP)

Kuehler, (Maria) Barbara, 1732, Pal, t7, d Johann Joerg (EP)

Kuehler, (Maria) Catharina, 1730, Pal, t7, d Johann Joerg (EP)

Kuehler, (Maria) Dorothea, 1733, Pal, t7, d Johann Joerg (EP)
Kuehler, Joerg Jacob, 1735, Pal, t7, s Johann Joerg (EP)
Kuehler, Johann Joerg, 1692, Pal, t7, h Anna Elisabetha I (EP)
Kuehler, Marichat, 1721, Pal, t7, d Johann Joerg (EP)
Kuehler, (Maria) Sophia, 1728, Pal, t7, d Johann Joerg (EP)
Kuenlin, Conrad, 1699, Salz fr Degenstein by Lindau, t9, h Maria, dd 4l (E CR 30 GD) (Egmont has Kimlin)
Kuenlin, Johann, 1739, Salz fr Degenstein by Lindau, t9, s Conrad (E CR 30)
(**Kuenlin**, Maria, née Hoesslinger, 1707, Salz fr Goldeck, t9, wid Conrad, 42 m Johann Georg Held [E DR 8 9 CR 30])
Kugel, see Gugel
Kuhn, Balthasar, Pal, t12, runs away to Congarees (CR 26 GD)
Kuntz, Erhard, 1733, Sw, s Hans Jacob, t10, dd 4l (CR 30)
Kuntz, Hans Heinrich, 1738, Sw, t10, s Hans Jacob I, dd 4l (E CR 30)
Kuntz, Hans Jacob I, 1701, Sw, t10, h Maria, dd 4l (E CR 30)
Kuntz, Hans Jacob II, 1730, Sw, t10, s Hans Jacob I, dd 4l (E CR 30)
Kuntz, Margaretha, 1729, Sw, t10, 4l, d Hans Jacob I, dd 4l (E CR 30)
Kuntz, Maria, 1701, Sw, t10, w Hans Jacob I, dd 4l (E CR 30)
Kuradi (Curradi), Adam, 1727, Sw, t10, s Hans Kunrath I (E CR 30)
Kuradi, Anna Barbara, 1701, Sw, t10, w Hans Kunrath I (E CR 30)
Kuradi, Hans Kunrath I, 1699, Sw, t10, h Anna Barbara, dd 4l (E CR 27 30)
Kuradi, Hans Kunrath II, 1738, Sw, t10, s Hans Kunrath I (E CR 30)
Kuradi, Heinrich, 1721, Sw, t10, s Hans Kunrath I, gr 4l, 43 Vernonburg (E CR 2 7 30 GD)
Kurtz, Anna, Salz, w Matthias, ar 42, dd 48 (DR 9)
Kurtz, Eleonora, 1733, Salz, d Matthias, ar 42, 47 conf, 54 m Georg Heidt (ERB DR 11 12)
Kurtz, Gertraut, 1730, Salz, d Matthias, 47 conf, dd 5l (DR 11-13)
Kurtz, Jacob, 1713, Swab fr Cannstadt, t7, lot in Sav, gr Vernonburg, 60 Ranger (EP CR 5 EC DR 17 CSS AG IV 70 GD)
Kurtz (Curtius), Jacob Friedrich, swindler (DR 15 GD)
Kurtz, Matthias, Salz, ar 42, h Anna, dd 43 (DR 9 CR 24 DR 9-13 GD CR 30 under Kulk)
(**Kusmaul**, Anna Rosina, 70 m Matthaeus Weinkauf [ERB])

Kusmaul, Jacob, Pal, tll, h Sevila, 55 CB Ebenezer, gr 57 Sav, 59 Abercorn (CR 8 31 EC CB ERB ECGC ECGM GD)

Kusmaul, Sevila, Pal, tll, w Jacob (CR 31)

Kustobader, Catharina Kunigunde, 1684, Pal wid, t8 (E EP CR 22 I DR 5 8 9)

Lachner, see Lackner

Lackner, Catharina Barbara, née Ulmer, 1719, Salz fr Pappenheim, t9, w Martin II, 56 d Dorothea (E CR 30 EC DR 9-11 ERB)

Lackner, Dorothea I, 77 spon (ERB)

Lackner, Elisabetha I, Salz, sis Martin I, t8a, dd 39 (DR 6)

Lackner, Elisabetha II, née Pricker, 52 m Martin Lackner I, dd 52

Lackner, Elisabetha III, 1731, Salz fr Goldeck, t9, d Veit (CR 30)

Lackner, Friedrich, gr 65, 59 conf, dd 71 (CR 9 ERB PR)

Lackner, (Johann) Friedrich I, 1744, 60 conf, gr 65 St Math, 74 m Johanna Schubdrein, 73 wit, 78 Mill District (ACW 94 GCS ERB DR 17)

Lackner, (Johann) Friedrich II, 1775, s Joh Fried I (ERB)

Lackner, Gertraut, 1707, sis Martin, dd 39 (E CR 30 DR 8 GD)

Lackner, Hanna, 1740, d Martin, 41 pres (DR 8)

Lackner, (Christian) Israel, 75 spon, gr 69 Black Creek, 73 wit (CR 10 ACW 94)

Lackner, Johanna Christina, Salz, w Friedrich, 68 spon, 72 m J C Greiner (ERB)

Lackner, Johanna Margaretha, née Schubdrein, 74 m (Johann) Friedrich Lackner, 75 s Johann Friedrich, 78 spon (ERB)

Lackner, Magdalena, 1693, Salz fr Goldeck, t9, w Veit, dd by 42 (E CR 30 GD)

Lackner, Margaretha, née Egger, 1709, Salz, t8a, 39 m Ulich, 39 m Martin I, 40 d Hanna, dd 52 (DR 6 8)

Lackner, Maria, 2nd w Veit, 57 d Maria Elisabetha, 58 d Dorothea (ERB)

Lackner, Maria Margaretha, 1746, 6o conf (DR 17)

Lackner, Martin I, 1707, Salz fr Radstadt, t6, h Margaretha Egger, 52 m Elisabetha II, (EC DR 6 15 30 GD)

Lackner, Martin II, 1712, Salz fr Radstadt, t9, Salz, t9, h Catharina Barbara, gr 50, 55 CB Abercorn, dd 58 (E CB EC PR CR 27 30 DR 6 8 11 EC ERB ECGM GD)

Lackner, Martin III, 1719, s Martin I, gr 50, dd 66 (EC CR 27 ERB PR)

Lackner, Tobias, 1694, Salz fr Gastein, tl, dd 34 (DR 1 2 6 GD). (E gives Larkner)

Lackner (Lechner), Veit, 1713, Salz fr Goldeck, t9, h Magdalena, after 42 m Maria, gr 50 Ebenezer, 57, 61, 55 CB Abercorn, 74 pres, 78 Mill District (E CB CR 6 27 EC GCS ERB ECGM)

Lambright, see Lamprecht

Lamprecht (Lembreek), Andreas, s Georg, gr 64 Abercorn (Andrew Lambert 1760). (CR 18 26 EC ECGM GD)

Lamprecht, Anna Maria, t12, w Georg (CR 26)

Lamprecht (Lambreek), (Johann) Georg, Pal, t12, h Anna Maria, sv Ruprecht Steiner, herdsman, gr 52; 54 drowns (EC CR 26 27)

Lamprecht, Jacob (James), s Georg?, 67 CB St George (CR 7 ECGC)

Lamprecht, Johann, Pal, s Georg, gr 70 Christ Church (CR 11 ECGC)

Landfelder, Agatha, 1732, Salz, t2, d Veit, 41 pres (DR 8 11)

Landfelder, Maria, Salz, t2, wid Schoppacher, 35 m Veit, dd 35 (DR 2)

Landfelder, Ursula, née Wassermann, 1717, Salz, t8a, 38 m Veit, 42 d, dd 68 (DR 6 14 ERB)

Landfelder, Veit, 1717, Salz, t2, 35 m wid Schoppacher, 38 m Ursula Wassermann, 52 m Ursula Eckhart, gr 57 Ebenezer, dd 68 (E CB CR 7 EC DR 2 6 8 9 11 ERB ECGM GD)

Lang, Abraham, 1695, Sw, t10, h Barbara (E CR 30)

Lang, Anna Maria, 1730, Sw, t10, d Abraham, 61 spon (E CR 30 ERB)

Lang, Barbara, 1704, Sw, t10, w Abraham (E ERB CR 30); (1704? See FB I 82)

Lang, (Maria) Catharina, Swab fr Hoervelsingen, t15, m Gov John Reynolds (CBJ 47 Hacker 224 GD)

Lang, Dr Christian, h Maria Magdalena (ERB)

Lang, Christian II, 1779, s Dr Christian (ERB)

Lang, Hans Kunrath, 1734, Sw, t10, s Abraham (E CR 30)

Lang, Jacob, 1747, Swab fr Langenau, 60 conf, dd 72 (ERB AG IV 127)

Lang, Maria Magdalena, w Dr Christian, 79 s Christian (ERB)

(**Lange**, Constanza, w Chris Weissenbacher, d 1789)

Lange, Georg, Swab fr Langenau, t15, gr 52 (CR 27)

Lange, Jacob, 1745, 60 conf (DR 17)

Lange, (Johann) Gottlieb, Swab fr Kaufbeuren, t15, 59 conf, 52, 68 Great Ogeechee, 62 Ranger (CR 8 27 CSS)

Lange, Johann I, Swab, t15, gr 52 Briar Creek, 55 Skidoway, 72 leg (CR 7 27 ACW 95. See DR 17 GD)

Lange, Johann II, Swab, t15, gr 52 (CR 27)

Lange, Maria Sophia, d Joh I, d 1793

Lastinger, Andreas, 1778, s Joh (ERB)

Lastinger, (Anna) Barbara, w Johann, 68 d Hanna, 76 s Johann Georg, 78 s Andreas, d Elisabetha, 80 d Maria, gr 67 St Phil (ERB)

Lastinger, Elisabetha, 1780, d Joh (ERB)

Lastinger, Johann, 1740, Swab fr Langenaltheim by Noerdlingen, h Barbara, gr 69 (ERB GD)

Lastinger, Johann Georg, 1776, s Johann (ERB)

Lastinger, Maria, 1780, d Joh (ERB)

Lauchenauer ?, Hans Georg, 1720, Sw, t10 (E CR 30)

Lauchenauer ?, Hans Georg, 1720, Sw, t10 (E CR 30)

Lebey, Judith (?), wid, 94 witness with Germans (ACW 162)

Lechner, see Lackner

Lehmann, Johann Martin, 45 house burns (Missions-Archiv IV, Fach J 10, 2 Jan 45)

Lehr, J, 92 wit (ACWW 120)

(Leihoffer, Anna, Salz, t2, 36 m Ruprecht Zittrauer [E DR 3 5 6])

Leimbacher (Limbacher), Christian, gr 69 St Paul (PR ECGP GD)

Leimbacher (Limbacher), Elisabeth (PR)

Leimbacher (Limbacher), Georg (PR GD)

Leimberger, Apollonia, née Daumer, 64 m Israel, 65 d Hanna Margaretha, 69 d Salome, 74 s Christian & s Samuel, 77 s Johann & d Catharina, 80 s David Posthumus (ERB)

Leimberger, Catharina, 1777, d Israel, 99 m Tim Gnann (ERB)

Leimberger (Leimberger), Christian I, 1710, Salz fr Loigam, tl, 40 m Maria Margaretha Staud, wid Bach, gr 50, 57 Mill District, 59 St Math, 59 Acton, dd 63 (E CR 6 8 27 EC CBJ ECGC DR 3 5 6-11 ERB ECGM GD)

Leimberger, Christian II, 1774, s Israel (ERD)

Leimberger, David Posthumus, 1780, s Chris Israel (ERB)

Leimberger, (Christian) Israel, 1746, s Christian, 60 conf, 64 m Apollonia Daumer, 74 pres, 78 spon, 79 wit, dd 80 (AWCC 124 ERB PR DR 17)

Leimberger, Jacob, dd 55 (ERB)

Leimberger, Johann, 1777, s Israel (ERB)

(Leimberger, [Maria] Margaretha, née Staud, fr Kirckel in Zweibruecken, 1718, Pal, t7, wid Gabriel Bach, w Christian, 64 m P Jansen, gr 65 Ebenezer [CR 9 ERB ECGM])

Leimberger, Salome, 1769, d Israel (ERB)

Leimberger, Samuel, 1774, s Israel (ERB)

Leinebacher, Georg Adam, 1736, Pal, tll, bro Salma, dd 48 (CR 31 PR ECGP DR 12 GD)

Leinebacher, Salma, sis of Georg Adam, 1735, Pal, tll (CR 31 DR 12)

Leitenstaiger, Catharina Barbara (PR)

Leitner, Andreas, gr 70 St Math (CR ll)

Leitner, (Catharina) Dorothea, wid Arnsdorff, 41 m Josef, dd 64 (DR 9 ERB)

Leitner, Josef, 1712, Austrian, t6, 40 St Augustine, 41 m Dorothea, gr 64 Goshen, dd 67 (E CR 3 20 EC DR 3-9 12 ERB ECGM GD)

Leitner, Martin, Salz, t2 (E)

Leitner (Lietner), Veit, s Josef, gr 71 Eb (E CR 7 ECGM)

Lemke (Lemke), (Hanna) Catharina, née Kroehr, 1717, Salz, tl, wid Gronau, 46 m Hergen, dd 76 (ERB GD)

Lemke, Rev Hermann Heinrich, fr Fischbeck in Schaumburg, 1720, tll, h (Hanna) Catharina, gr 51, 55, 56, 61, 67, 55 CB Ebenezer, dd 68 (CR 3 27 31 EC CB ACW 14 ERB PR ECGM GD)

(Lemke, Johanna Christina, ca 1754, d Hermann, 74 spon, m Jacob Weissenbacher II [ERB GD])

(Lemke, Salome, ca 1750, d Hermann, 77 m Daniel Weidmann [ERB GD])

Lemke, Timothaeus, 1752, s Hermann, 74 pres, dd 76 (CR ll), 73 wit (PR ACW 116 GD)

Lemmenhoffer, Maria I, née Halbenthaler, Salz, t2, w Veit, 36 s, dd 50 (E DR 3-6 8 9 11 14 15 GD)

Lemmenhoffer, Maria II, d Veit, 4l pres (DR 3-6)

Lemmenhoffer, Paul, 1716, Salz, t2, dd 37 (E DR 6)

Lemmenhoffer, Veit, Salz fr Radstadt, t2, h Maria I, dd 46 (E EC CR 3 DR

3-9 11 12

Leonhard, Johann, 1719, Pal, t8 (E EP)

Leopold, (Johann) Christian (PR)

Lewenberger, Christian, 1706, Pal, t8, h Margaretha, sv Ortmann, dep for Vernonburg, gr 43 Mill District, 62 wit (E EP CR 6 27 EC ACW 96 PR DR 5-7 10 GD)

Lewenberger, Margaretha, 1703, Pal, t8, w Christian (E EP DR 5-7 9 GD)

Lichliege, Anna I, 1707, Sw, t10, w Hans Heinrich (E CR 30)

Lichliege, Anna II, 1730, Sw, t10, d Hans Heinrich (E CR 30)

Lichliege, Barbara, 1739, Sw, t10, d Hans Heinrich (E CR 30)

Lichliege, Hans Heinrich, 1707, Sw, t10, h Anna I (E CR 30)

Lichtenstein, Elisabetha, leg (PR)

Lichtenstein (Lightenstone), Johann, fr Kronstadt, 66 gr St Andrews, 72 CB Christ Church (ECGP CR 9 38II 20 PR GD)

Lietner, see Leitner

Limbacher, Christian, dd 73 (PR). Same as Christian Leinberger?

Linder, Alexander, s of Johann Linder of Purysburg, cadet at Frederica (CR 25 GD)

Linger, Nite. See Neidlinger

Lion (Lyons), Martin, Inv 9 (PR GD)

Lion (Lyon), Samuel, Pal, gr 41 Vernonburg, 52 sells lot Acton, 55 CB Skidoway, 59 pres Skidoway (EC CR 2 5 27 CCB ECGI GD)

Lion (Leon), Simeon, Pal, gr 44 Vernonburg (EC CR 27)

Locker, Melchior, 56 Ranger (CSS)

Lockermann, Jacob, gr 65 New Hanover (CR 9 CBJ PR)

Lockhart, Samuel, gr 71 (CR 11)

Loehner, Martin, CB back of Abercorn (CB)

Lohrmann, David, Swab fr Altheim, t15 (Hacker 225 GD)

Lohrmann, James, 1779, s Joh (ERB)

Lohrmann, Johann, Swab fr Ulm, t15, 59 m Susanna Humbart, 77 spon (ERB Hacker 225)

Lohrmann, Susanna, née Humbart, 59 m Johann, 79 s Jacob (ERB)

Lucas, Michael (EC CR 31)

Ludholt, Nikolaus (EC)

Lumburger, see Leinberger

Luttburg(?), Johann (?) (PR)

Lyon, see Lion

Mack (Mock), Anna Barbara, wid Mayerhoffer, 55 m Wolfgang (ERB)

Mack, Bartholomaeus, 1730, t15?, 55 m Maria Stund (?), gr 59 Bethany, dd 64 (CR 7 EC ERB ECGM)

(Mack, Christina, 1744, 60 conf, 68 m Weinkauf [ERB DR 17])

Mack (Mak, Meck), Jacob, fr S.C., gr 6l St Math, 74 pres, 79 wit (CR 28 I AWCC 124 Muhl 603 ERB PR ECGM) (Probably = Jacob Meck of Dunstetten)

Mack, Jonas, 55 CB Goshen (CB)

Mack, Maria I, née Weinkauf, 65 m Thomas (ERB)

(Mack, Maria II, née Staud, w Bartholomaeus, 58 d Maria Barbara, 60 s Michael, 6l s Paul, 63 d Maria & s Thomas, 64 m G Fischer [ERB EC])

Mack, (Johann) Martin, Moravian, ar 36, dep 40, dd 84 St Croix (E Fries)

Mack, Michael, s Bart, 58 Ranger, 74 pres, 83 pres (PR CSS GCS 26)

Mack, Paulus, 1761, s Bart (ERB)

Mack, Thomas, t15, gr 59 Bethany, 65 m Maria Weinkauf (CR 7 ERB ECGM)

Mack, Wolfgang, Schwab fr Langenau by Ulm, t15, 55 m Anna Barbara Mayerhoffer, gr 65 Bethany, dd 75 (EC ERB ECGM Hacker 220 GD)

(Madis, Margaretha, wid Peter Pfitzel, Pal [CR2 GD])

Madreiter, Hanna, w Hans (DR 1-3 8)

Madreiter, Hans, 1696, Salz, t2, dd 35 (E CR 20 DR 6)

Magan, Maria, 1728, Pal, t7 (E)

Malcher, see Matcher. Perhaps same as (Johann) Jacob Metzer III

Mann, Johann (German?), ar 58, gr Briar Creek, 60 Prethero's Bluff (PR CR 8)

Mann, Luke (Lucas?), capt, 69 has cowpen on Conoochee River (CR 10 PR) (German?)

Marks, Anna, Ashkenazi Jew, w Hugh, dd 38 (MS)

Marks, Hugh, Ashkenazi Jew (German? Jiddish?) (MS)

Marks, Isaac, Ashkenazi Jew, s Hugh, ar 38, inherits lot fr Jacob Yowell

(MS)

Marks, Levi, s Isaac, ar 38 (MS)

Marold, Jacob, 1731, Pal, t7, s Peter (E EP)

Marold, Maria Barbel, 1713, Pal, t7, w Pet (E EP)

Marold, Peter, 1707, Pal fr Zweibruecken, t7, h Maria Barbel, 39 dep for S.C. (E EC PR EP GD)

Marold, Susanna, 1735, Pal, t7, d Peter (E EP)

Marold, Wm, 63 Ranger (CSS)

Martin, Daniel (German?), gr 48 (CR 27)

Matcher, Hans Jacob, 48 buys lot Vernonberg (Conv Bk C-1, p. 152) See Hans Jacob Metzger II.

Matthias, Johann, 58 Vernonburg (CR 7)

Matthias, Peter, 66 Ranger (CSS)

Mauer, Maur, see Maurer

Maurer, Anna I, née Eigel, 59 m Gabriel, 60 d Hanna, 62 d Catharina Margartha, 65 s Michael (ERB)

Maurer, Anna II, née Seckinger, wid Mueller, w Johann II, 78 s Salomo (ERB)

Maurer, Apollonia, Salz (DR 7)

Maurer, Barbara, 1712, Salz, t6, single (E DR 4 5)

Maurer, Catharina, 1762, d Gabriel (ERB)

Maurer, Catharina, 1769, d Joh II (ERB)

Maurer, (Anna) Catharina, née Meyer, wid Ossenecker, 36 m Johann I, 38 d Elisabetha, dd 42 (DR 6 8 9)

Maurer, Elisabetha I, w Jacob, gr 59 Ebenezer (ECGM ERB)

Maurer, Elisabetha II, née Held, w Gabriel, dd 53 (CR 28 I DR 8)

(**Maurer**, Elisabetha III, d Gabriel, 41 pres, 54 conf, gr 59; 68 m J P Mueller, dd 68 [ERB])

Maurer, Elisabetha IV, 1738, Salz, m Jacob, d Johann I (DR 6)

Maurer, (Hans) Gabriel, 1708, Salz fr Radstadt, t2, h Elisabetha II, h Maria III, gr 57 Mill District, 59 m Anna Eigel, dd 66 (E CR 8 EC ERB DR 5-9 15 ECGM)

Maurer, (Johann) Georg I, s Johann I, h Maria IV, Salz, t9, 74 pres, 75 will, dd 75 (ACW 91 ERB PR)

Maurer, (Johann) Georg II, 75 m Maria Sibilla Saecht, 75 leg (ACW 91)

Maurer, Hanna, née Zittrauer, w Johann Paul II (ERB)

Maurer, Hanna Margaretha, w Johann I, dd 75 (ERB DR 12)

Maurer, Jacob, h Elisabetha I, h Maria IV, gr 58 Ebenezer (ECGM)

Maurer, Johann I (Hans), 1715, Salz fr Radstadt, t2, h Maria Wemmer, 36 m Anna Catharina, m Hanna Margaretha, 55 CB Ebenezer, gr 57 Mill District, 67, 69, dd 66 (CR 6 30 EC DR 3 5-9 ERB PR ECGM GD)

Maurer, Johann II, Salz, t9, h Maria II, 41 pres, 67 m M M Zant, gr 67, 70 Ebenezer, 77 m Anna Mueller, 75 leg, 75 wit, 78 military (CR 10 30 DR 8 ACW 91 ACW 91 E GCS PCG)

Maurer, Maria I, née Wemmer, 1715, Salz fr St Johannis, t2, w Johann I, dd by 36 (E CR 30 DR 9 14 15 GD)

Maurer, Maria II, 1715, Salz, t9, w Johann II (E EP CR 30)

Maurer, Maria III, 2nd w Gabriel, 58 s Israel, 59 s Johann, dd 59 (ERB)

Maurer, Maria IV, w Georg I, 75 leg (ACW 91)

Maurer, Maria Magdalena I, née Zant, 67 m Johann II, 69 d Catharina, 72 s Johann Christoph, 75 s Salomo, 78 s Salomo, dd 75 (ERB)

Maurer, Maria Magdalena II, 63 m G Schleich, 70 m Johann Georg Heidt (ERB)

Maurer, Salomo, 1778, s Joh (ERB)

(Maurer, (Maria) Sibilla, née Saecht, 75 m Georg II (PR ERB)

Mautz, Johann Georg, gr 52 (CR 27 PR)

Mayer, see Meyer

Maxen, D (Dr?), fr Goshen, 78 spon (ERB)

Maxen, _____, wife of above, 78 spon (ERB)

Meek, see Mueck

Megan, Maria, 1718, Pal, ar 37 (E)

Meier, see Meyer

Meissner, Georg Friedrich, physician (AG IV b 260 GD)

Mengeldorff, Abraham, fr Purysburg, 77 spon (ERB)

Mengersdorff, Christina, w Jacob, 77 s Johann, 80 s Georg (ERB)

(Mengersdorff, Eva Maria, fr Purysburg, 65 m J N Strobart [ERB])

Mengersdorff, Georg, 1704, Sw fr Purysburg, s Ottilie, 78 spon (CR I p 73 ERB CR 10)

Mengersdorff, Jacob, h Christina (ERB)

Mengersdorff, Johann, 1777, s Jac (ERB)

(**Mengersdorff**, Maria Elisabetha, fr Purysburg, 65 m J Martin Burgemeister [ERB])

Mengersdorff, Maria Margaretha, fr Purysburg, 65 m Georg Friedrich Reiter (ERB)

Mengersdorff, Ottilie, Sw, mo Georg, 65 spon (ERB)

Merkel, Johann, fr Goshen, 77 m Susanna Huber (Hover) (ERB MSG)

Merkel, Susanna, née Huber, 77 m Johann (ERB)

Mertz, Lorentz (PR)

Metzger, Balthasar (EC)

Metzger, Catharina, 1760, d Jac (ERB)

Metzger, David, 1765, s (Johann) Jacob III, m Mrs. Waters, née Rieser, m Sara Schneider Gruber (ERB)

(**Metzger** [Mescher], Hanna, 73 m Jacob Gnann [ERB])

Metzger, (Johann) Jacob I, Pal fr Purysburg, dd 50 (CR 10 PR ERB DR 5 6 10 11 14 GD)

Metzger, (Johann) Jacob II, 1718, h Margaretha, h Salome, gr 57 Bethany, 60 St Math, 68, 74, dd 81 (CR 8 EC DR 2 5 ERB). Cf. Hans Jacob Matcher, gr Vernonburg (EC ERB ECGM CCB [Malcher])

Metzger, (Johann) Jacob III, 1754, s (Johann) Jacob II, h Maria Magdalena, 83 pres (ERB)

Metzger, Margaretha, née Schwarzwaelder, w Jacob II, 54 Johann, 58 d Sara, 60 d Catharina, 62 d Lucia, 65 s David, 83 pres (ERB)

Metzger, Maria Magdalena, w (Johann) Jacob III, 82 s Johann Adam (and many other children after our cutoff date)

Metzger, Philip, gr 50 (EC CR 27)

Metzger, Phillippa, gr 57 Bethany

Metzger, Salome, née Hangleiter, w Jacob II, 81 spon (ERB)

Metzger, Samuel, 74 pres

Metzger, Sara, 1758, d Jac (ERB)

Meyer, Adrian, fr Purysburg, 75 butcher in Sav (ACW 1 CBJ PR)

Meyer, Andreas, Swab fr Merklingen (Hacker 227)

(**Meyer**, Anna, d Johann Meyer I, wid David Unselt, 78 m Adam Treutlen)

Meyer, Anna Christina, 54 m Christian Dasher (ERB)

Meyer, Anna (Maria) I, 1715, Salz, t6

Meyer, Anna II, 1718, German, d Heinrich II, ar 35, Frederica, m Johann Heinrich (E CR 29:148 GD)

Meyer, Barbara, née Zorn, 50 m Johann Ludwig, 56 s Christian, 59 Margaretha, 61 d Johanna, 63 d Maria, 64 leg (ACW 93 ERB PR DR 15)

Meyer, Catharina I, German, w Heinrich II, t4, Frederica (E CR 29:147 GD)

Meyer, Catharina II, 1733, German, d Heinrich II, t4, Frederica, dd 41 (E CR 29:148 GD)

Meyer, Christian, 1756, s JL (ERB)

(**Meyer**, Christina, née Remshard, 66 m Johann II, 68 m Jacob Heinle [ERB])

Meyer, Daniel, 1755, s Heinrich I (ERB)

Meyer, Daniel, German, ar 35 Frederica, s Heinrich I (E CR2:147 EC ERB)

Meyer, David, 1766, s Heinrich I (PR)

Meyer, (Anna) Dorothea, 54 m Georg Rieser, 60 m Georg Fischer (ERB)

Meyer, Elisabetha I, 1764, d Heinrich I (ERB)

Meyer, Elisabetha II, née Mueller, 1701, Swab fr Memmingen, t9, 1st w Johann Ludwig, dd 49 (E CR 30 DR 8 9 12 13)

Meyer, Elisabetha III, spinster daughter of Johann Meyer, gr 61 Ebenezer (CR 8 ECGM)

Meyer, Friedrich, draft on storehouse 17 April 37 (CR 29).

Meyer, (Johann) Georg, 1720, t9, Swab fr Memmingen, bro Johann Ludwig, ca 42 m Magdalena Roner, gr 50, 52 Black Creek, dd 67 (E CR 6 27 EC PR DR8 9 11 13 15))

Meyer, Georg, wainwright at Ebenezer, dd 52 (EC DR 15)

Meyer, Gottlieb, s (Johann) Ludwig, 64 leg (ACW 93 PR)

Meyer, Hanna Juliana, wid Schmidt, w Jacob II (ERB)

Meyer, Hans Caspar, Sw fr Niederwenigen in Canton Zurich, t4, h Margaretha (CR 20)

Meyer, Heinrich I, Pal, t7, sv to Trustees' sawmill, h Maria II, ca 63 m Maria Franziska, gr 52, gr & CB Great Ogeechee (EC CB CR 27 ERB GD)

Meyer, Heinrich II, German, s Thomas, h Catharina, t4b, Frederica (E CR 2 p.102 EC GD)

Meyer, Heinrich III, Pal, t7, employed at store (EP)

Meyer, Heinrich Friedrich (Henry Frederick Meyers), gr 65 on island in Wassaw River (ECGC ECGI GD)

Meyer, Jacob I, 1706, Sw fr Aesch bei Birmensdorf in Canton Zurich, t4a (CB ERB CR 10 20 unpublished, Pfister 94)

Meyer, (Johann) Jacob II, Pal fr Purysburg, 55 CB Bethany, gr 50, 57 Bethany, 60 Bethany, 65, 67, 69; 62 Ranger, 71 m (Anna) Juliana Schmidt, 69 wit (CR 6 27 EC ACW 142 CSS ERB)

Meyer, Johann I, Swab fr Riedheim, t15, father of (H)anna Unselt, gr 52, (CR 8 27 Hacker 227)

Meyer, Johann II, Swab fr Riedheim, t15, 66 m Christina Remshard (PR ERB)

Meyer, Johann III, 1730, German, ar 35 Frederica, s Heinrich II, gr 52 (E CR 27 29:147 36 GD)

Meyer, Johann Heinrich, 1755, s Heinrich I (ERB)

Meyer, Johanna, 1761, d Joh Lud (ERB)

Meyer, Judith, 1759, d Heinrich I (ERB)

Meyer, (Anna) Juliana, wid Schmidt, 71 m Jacob II, 79 spon (ERB)

Meyer, (Johann) Ludwig, 1715, t9, Swab fr Memmingen, 42 m Elisabetha I, 50 m Barbara Zorn, 48 justice of the peace, gr 49 Parker's Mill, 51, 56 Abercorn, 57, 59, 55 CB Ebenezer, dd 64, 64 will (E CR 8 27 30 31 DR 8 13 15 EC CB CBJ ECGM ACW 93 ERB Inv, ERB PR, *Ga. Gazette* 9/20/1764 GD)

Meyer, Magdalena I, née Roner, Salz, t9, w Georg (DR 9 14 15)

Meyer, Magdalena II, Swiss, d Thomas and Ursula, 37 ar Sav, 41 ar Ebenezer, 49 m Swiss on plantation near mill, 63 d Sara (DR 8 9 ERB GD)

Meyer, Margaretha I, German, w Caspar, t4b, Frederica, d Heinrich II (E ERB CR29:93 GD)

Meyer, Margaretha II, 1727, t4b, Frederica, d Heinrich II (E)

Meyer, Margaretha III, 1759, d JL (ERB)

(**Meyer**, Maria I, 1718, Salz, t9, d Matthias Bacher, 42 m Theobald Kieffer II [CR 30 ERB DR 9)

Meyer, Maria II, w Heinrich I, 53 d Maria, 55 ss Johann & Johann Heinrich, 58 d Salome, 59 d Juliana (ERB)

Meyer, Maria III, 1753, d Heinrich I (ERB)

Meyer, Maria Catharina, 1720, dd 70 (ERB)

Meyer, Maria Franziska, 2nd w Heinrich I, 64 d Elisabetha, 66 s David (ERB)

Meyer, Matthias I, s Georg Meyer (E ECGM CR 29:148 EC)

Meyer, Matthias II, Salz, t9, gr 59 Bethany, 74 pres (CR 8 EC)

Meyer, (Johann) Michael I, Moravian, ar 36, dep 39 (E Fries)

Meyer, Michael II, ar 66, gr 68 Briar Creek, dd 73 (CR 10 PR)

Meyer, Paul, Swab fr Bermaringen, t15, gr 52 (CR 27 (Hacker 227)

Meyer, Peter, 1723, German, t4b, Frederica, s Heinrich II (E CR 2:147 19, 36:427 GD)

Meyer, Rudolf, Sw, s Caspar, t4b, Frederica (CR 29:93)

Meyer, Salome, 1760, d Heinrich I (ERB)

Meyer, Sara, 1763, d Heinrich I (ERB)

Meyer, Thomas, Sw, h Ursula, t4b, Frederica, dep 40, dd 40 (E CR 2:102 GD)

Meyer, Ursula, Sw, wid Thomas, mo Magdalena II, t4b, Frederica, 37 ar Sav, 41 ar Ebenezer (E DR 8 9 13 CR2:102 CR26 EC GD)

Meyer, Wm, 38 signs document (PR CR 3)

(Meyerhoffer, Anna Barbara, 55 m Wolfgang Mackh [ERB])

Meyerhoffer (Megerhoffer), Hans Heinrich, Sw fr Weiach, t4a, br Heinrich (CR 20 unpublished 30 Pfister 94)

Meyerhoffer (Meier, Myerhover), Heinrich, Sw fr Weiach, then Purysburg, t4a, br Hans Heinrich (E CR 20 unpublished 30 36 Pfister 94 GD)

Meyerhoffer, Regina Margaretha (PR)

Meyers, see Meyer

Michel, Andreas, German, h Margartha, t4b, Frederica, finished 5 yrs, 40 moved to S.C. (E CR 2)

Michel, Catharina, Swab fr Nerenstetten, t13, Ebenezer, 75 leg (PR ACW 21 Hacker 229 GD)

Michel, Hanna Elisabetha, née Gugel, 72 m Nikolaus (ERB)

Michel, Heinrich, planter at German village (GD)

Michel (Michael), Johann, h Maria, gr 59, 65; 79 spon, 83 pres (CR 7 ERB MSG PR ECGM)

Michel, Ludwig, 67 will (PR)

Michel, Margaretha, t4b, Frederica, w Andreas, 40 moved to S.C. (E EP CR2:102 GD)

Michel, Maria, w Johann, 59 d Maria Barbara, 79 spon (ERB)

Michel, Nikolaus, gr 7l; 72 m Hanna Elisabetha Gugel, 74 pres (CR 12 ERB PR)

Michel, Ursula, German, 74, d Andreas, 40 moved to S.C. (E EP CR2:102)

(**Michler**, Catharina, Swab fr Nerensteten by Ulm, t13, sv Martin Lackner II, m Benjamin Rieser [CR 26 ERB])

Michler, Johann, gr 59 Bethany, 83 pres, 93 pres (CR 7 EC ERB ECGM)

Michler, Jost, Pal, t12, sv Josef Leitner, 49 (CR 26)

Michler, Maria, 56 spon (ERB)

Michler, Nikolaus, gr 7l Bethany (ECGM)

Michler, Wilhelmina Ernestina, 1752, Swab, dd 1760 Bethany (ERB)

Mick, Micks, see Mueck

Mickler, see Michler

Miers, see Meyer

Millen, David, gr 74 St Paul (ECGP GD)

Millen, Georg, 1766, dd 1819 (*Sav. Republican* 6/17/1819)

Millen, Gottlieb, s Stephan, 85 m Sally Gugel (ERB *Ga. Gazette* 10/3/1785)

Millen, Peter, h Salome Gugel, 86 wit (ACWW 49)

Millen, Salome, née Gugel, w Peter

Millen, Stephan, gr 58, 60, 6l, 67, 69; 75 pres, dd 88 (ERB CR 7 ECGM Muhl II, *Ga. Gazette* 2/7/1788)

Millen, ____, w Stephan, 58 s Gottlieb

Miller, see Mueller

Miller, Anna, w Johann Boul I, 72 leg (ACW 75)

Miller, Bolzer (Palser), bro-in-law of Friedrich Holtzendorff, 67 wit, 71 will (ACW 69 ACW 95 PR)

Miller, Boul, planter St Math, (bro Johann Boul?), h Elisabetha, 73 will (ACW 94)

Miller, Christina, 1708, Pal, w Johann Adam, t8, trust svt Sav (E EP)

Miller, Christoph, s Johann Boul, 72 leg, 73 leg (ACW 95 ACW 94 PR)

Miller, Elisabetha, w Boul, 73 leg (ACW 94 PR)

Miller, Friedrich, s Boul, 73 leg (ACW 94 PR)

Miller, Jacob, 87 wit (ACWW 120)

Miller, Johann Adam, 1690, Pal, t8, trust sv Sav, h Christina, dd 39 (E EP)

Miller, Johann Boul I, (bro Boul Miller), 72 will (ACW 75 PR)

Miller, Johann Boul II, s Boul, 72 leg, 73 leg (ACW 94 95)

Miller, Maria Catharina, 1728, t8, d Johann Adam, trust sv (E EP)

Miller, (Johann) Nikolaus, 1726, t8, s Johann Adam, in colony 1746 (E EP EC)

Miller, (Johann) Philip, 1724, German, trust sv, s Johann Adam, gr 53 (E EP CR 27)

Miller, Stephan, gr 6l St Math (CR 28 I)

Miller, Veronica, 1722, German, trust sv, d Johann Adam (E EP)

Minis, Abigail, w Abraham, gr 67 St Math (PR MS CCB ECGA ECGC ECGM)

Minis (Minsey), Abraham, Ashkenazi Jew (German or Polish speaker of Jiddish), ar 33, 57 will (CB EC CCB PR MS ECGM GD)

Minis, Benjamin (PR)

Minis, Esther (EC)

Minis, Hanna, leg (PR ECGC)

Minis, Hester, leg (PR MS)

Minis, Joseph, 1738, s Abraham, 1738, dd 57 (MS EC PR)

Minis, Judith, 1742, née Pollock, w Philip (PR MS)

Minis, Leah, d Abraham (PR MS)

Minis, Minis, 1736, s Abraham, leg (PR MS ECGC)

Minis, Philip, 1734, s Abraham, 74 m Judith (PR MS GD)

Minis, Sara, leg (PR)

Minis, Simeon, bro Abraham (EC MS)

Mittersteiner, Matthaeus, 1693, Salz, tl, dd 34 (E DR 3 6)

Mock, see Mack

(**Mohr**, Anna Maria, w Jacob II, 59 m Johann Scheraus [CR 26 ERB])

(**Mohr**, Christina, d Jacob II, t12 m Andreas Seckinger II)

Mohr, Elisabetha, wid Walliser, 58 m Jacob II (ERB)

Mohr, Jacob I, Sw, t4a (CR 20 ERB DR 13 14 GD)

Mohr, Jacob II, 1700, Pal, t12, sv Christian Riedelsperger, h Anna Maria, gr 52 Ebenezer, 59 Bethany, dd ca 64 (CR 10 26 27 EC ERB ECGM)

Mohr, Jacob III, 1723, fr Purysburg, 48 pres, 50 conf, 55 CB Goshen, 58 m Elisabetha Walliser, gr 59 Goshen (EC DR 12)

Mohr, Johann, gr 50, 51 (EC CR 26 27)

(**Mohr**, Johanna, 65 m J U Fetzer [ERB])

Mohr, Rachel, dd 73 (ERB)

Monfort, Anna I, Sav wid, 62 will (ACW 96)

(**Monfort**, Anna II, d Anna I, m Gunter)

Molte (?), Georg, gr Hampstead (ECGC, p 89). Possibly error for Mott (ECGC p. 132)

Moor, More, see Mohr

Morer, see Maurer

Morgen, Maria, 1715, Pal, t7, single woman (E EP)

Moritz, Johann Georg, 65 wit (ACW 13)

Moser, Anna Catharina, wid Kuebler, 17ll, 58 m Lucas, dd 58 (ERB)

(**Moser**, Anna Ursula, 6l m Fettler [ERB])

Moser, Jacob, ar 62,8, gr 69 St Paul (ERB CR l0)

Moser, ___, w Jacob

Moser, Lucas, 58 m wid Anna Catharina Kuebler, gr 52 Halifax, dd by 70 (CR ll 27 EC ERB)

Moser, Regina, Swab fr Langenau, t15 (Hacker 230 GD)

Moses, Isaac, Jew from Hanover (MS)

Mosshamer, Johann, 1699, Salz, tl, 33 m Maria, dd 35 (E DR 1 2 4 6)

(**Mosshamer**, Maria, née Rohrmoser, 1705, Salz, tl, w Johann, 36 m Peter Gruber, by 58 m Carl Flerl [E CR 6])

Mott, Abraham, 69 m Sarah Scruggs (ERB)

Mott, see Molte, Motte

Motte, Georg, gr 57 Hampstead (ECGC)

Motte, Isaac (PCG)

Muchler, Johannes, 83 vestryman (GD)

Mueck (Mick), Anna Maria, Pal, tll, w Jonas (CR 3l)

Mueck, (Johann) Caspar, h Catharina, 80 spon, 81 spon (CR l0 PR ERB)

Mueck, Catharina, w (Johann) Caspar, d Catharina, 80 spon, 81 spon (ERB)

Mueck, Friedrich, gr 70 (CR l0 ECGM)

Mueck, Jonas, Pal, tll, h Anna Maria, gr 58 Goshen, 59 Goshen, 6l, 58 spon (CR l0 31 EC ERB ECGM)

Mueck, Matthias, gr 7l, 8l spon (CR 12 ERB ECGM)

Mueck, _____, w Matthias, 8l spon (ERB)

Mueckenfuss, Catharina, w James Port, 76 s Wm Francis (ERB)

Mueckenfuss, Josef, 70 gr St Phil (CR 10 ll)

Mueckenfuss, Michael, fr Charleston, gr 7l Great Ogeechee (CR ll Muhl II ECGM)

Mueckel, Johann, 7l land at Bethany (CR ll)

Mueckel, Michael, 7l gr Bethany (CR ll)

Muehler, Capt. Jacob (GD)

Muehler, Johann, 70 pres (ERB)

Muehler, Maria, 70 pres (ERB)

Mueller, (Johanna) Agnesia Elisabeth, Salz, t6, d Friedrich Wilhelm (E DR 4 6 8)

(**Mueller**, Anna, née Seckinger, 69 m J P Mueller II, 72 s Johann Christoph, 77 m Johann Maurer [ERB])

Mueller, Anna Margaretha, 64 m Johann Remshardt (ERB)

(**Mueller**, Anna Maria I, née Kraemer, 4l m Paul I, [ERB DR 6 8 9])

Mueller, Anna Maria II, 1757, d Georg (ERB)

Mueller, Apollonia, 2nd w (Johann) Paul I, dd 67 (DR 13 ERB)

Mueller, Christian H (Heinrich? [Hervack]), German, 36 sv von Reck (E)

Mueller, (Anna) Christina I, t6, w Friedrich Wilhelm, 5l pres (E DR 4-6 8 9 11 14)

Mueller, (Anna) Christina II, d Fr Wilhelm (DR 5 6 9)

Mueller, (Agnesia) Elisabetha, 1726, Pal, d Friedrich Wilhelm, 39 conf (CR 6 ERB)

Mueller, (Anna) Elisabetha, née Maurer, 68 m (Johann) Paul I, 69 s Friedrich Wilhelm, 72 s Johann Paul (ERB)

Mueller, Elisabetha, Salz, t9, w (Johann) Ludwig (CR 30)

Mueller, Eva, 1698, Pal, t8, w Leonhard (E EP)

Mueller, Friederica, Salz, t6, d Friedrich Wilhelm (E ERB)

Mueller, Friedrich Wilhelm, Pal, t6, h Christina, dd by 51 (CR 6 EC ERB DR 3-9 GD)

Mueller, (Johann) Georg, 1720, Swab fr Langenau, t9, 56 m wid Rosina Schubdrein, gr 59 Goshen, 68 CB St Math (CR 7 ERB ECGM)

Mueller, Hans Bernhard, 1732, Pal, t8, s Leonhard (E EP DR 6)

Mueller, Hans Michael, 1725, Pal, t8, s Leonhard (E EP DR 6)

Mueller, Johann, Pal, t8, gr 52 Ebenezer (DR 6)

Mueller, Leonhard, 1697, Pal, ar 38, h Eva (E EP DR 6)

Mueller, Ludwig, Moravian, ar 74, dd 75 Knoxborough (Fries Muhl GD)

Mueller, (Johann) Ludwig, 1725, Swab, t9, h Elisabetha IV (CR 30)

Mueller, Malachi (Melchior?), Pal, tll, h Margaretha II, gr Goshen before 57 (EC CR 31)

Mueller, Margaretha, tll, w Malachi, gr 57 Goshen (CR 31 ECGM)

(**Mueller**, [Johnna] Margaretha, 1724, Pal, t6, d Friedrich Wilhelm, 52 m Christoph Kraemer II, gr 59 Goshen, 64 m Johann Remshardt, dd by 73 [E DR 6 ECGM])

Mueller, (Anna) Maria Magdalena, 1733, Pal, t6, d Friedrich Wilhelm (DR 6 8 11 14)

Mueller, (Johann) Paul I (Powell Millar), 1721, Pal, t6, s Friedrich Wilhelm, 41 m Anna Maria Kraemer, 42 m Apollonia Kreder, 55 CB Ebenezer, gr 57, 58 59 Mill District, 60, 68; 68 m Elisabetha Maurer, 69 m Anna Seckinger, dd 75 (E EC CB ERB DR 5-9 ECGM GD)

Mueller, (Johann) Paul II, 1745, s Johann Paul I, 59 conf, 69 m Anna Seckinger, gr 71, dd 72 (ERB)

Mueller, Rosina, 57 d Anna Maria (ERB)

Mueller, (Johann) Simon, 1719, Pal, t6, s Friedrich Wilhelm, dd 37 (E CR 6 DR 4)

Mueller, Rosina, wid Schubdrein, 56 m Georg, 57 d Anna Maria (ERB)

Mugg, Johann, Sw, t8 (CR 20 GD)

Muggitzer, Hans Michael, Swab, t2, dep ca 37 (E EC DR 3-7 GD)

Mulygar (?), Jacob, Ebenezer, 76 leg (ACW 117)

Myke, see Mueck

Myers, see Meyer

Nail, David Conrad, 1774, s Joh Conrad (ERB)

Nail, Johann Conrad, h Rosa Maria (ERB)

Nail, Rosa Maria, w Joh Conrad (ERB)

Neibling (Nuebling), Alexander, Swab, t15, gr 52 Briar Creek (CR 6)

Neibling, (Anna) Maria, née Ochs, 71 m Bartholomaeus (ERB)

Neibling, Bartholomaeus, Swab fr Langenau by Ulm, t14, gr 62 Christ Church, 66 Ranger, 71 m Maria Ochs (CR 7 ECGC CBJ CSS ERB PR GD. Hacker 231 says Nuebling)

Neidlinger, (Johann) Adam, sexton (GD)

Neidlinger, Catharina Margaretha, 69 spon (ERB)

Neidlinger, David, 1761, s Joh Ulrich (ERB)

Neidlinger, (Johann) Gottlieb, 55 CB Ebenezer, 74 pres, h Hanna, 78 mil (GCS), 83 justice of the peace of Effingham County, 93 pres (EC ERB MSG GD)

Neidlinger, Hanna, née Dasher, wid Zettler, w (Johann) Gottlieb (ERB)

Neidlinger, Johann I, t13, 55 CB Ebenezer, gr 54, 59 buys lot (CB EC CR 26 27 33 CCB DR 14 GD)

Neidlinger, Johann II, s (Johann) Gottlieb, 76 sexton Christ Church Parish (CR 1:135, MCG PR DR 14)

Neidlinger, Maria Magdalena, 2nd w Ulrich II, 73 spon (ERB)

Neidlinger, Matthias, Swab, t12, ret to Germany by 54 (Hacker 231 DR 15)

Neidlinger, Margaretha, 70 spon (ERB)

Neidlinger, Samuel, 78 mil (GCS ERB MSG)

Neidlinger, Sibilla, 76 pres (RR1:130)

Neidlinger, (Jacob) Ulrich, 61 spon (ERB)

Neidlinger, (Johann) Ulrich I, 1685, Swab, t13, dd 51 (CR 24 ERB DR 15 GD)

Neidlinger, (Johann) Ulrich II, Swab, t14, s Ulrich I, h Waldburga, 55 CB, gr 54, 59, h Maria Magdalena, 74 pres, 67 wit, 78 military, dd 80 (CR 26 27 EC ACW 112 GCS ERB PR ECGM DR 15)

Neidlinger, Walburga, w Ulrich II, 58 s Samuel, 61 s David, 70 d Johanna, dd 70 (ERB)

Neidlinger, _____, 1685, w Ulrich I, dd 51

Neiss, see Niess

Neisser, August, Moravian, ar 36, dep 38, dd 84 (Fries)

Neisser, Georg, Moravian, ar 36, dep 37 (Fries)

Ner, Georg, Ebenezer, dd by 58 (CR 7)

Nessler (Neisler), (Johann) Adam, h Dorothea, 71 gr Christ Church, 79 spon, 3rd Lt Hali (CR 12 38 MCG ERB PR GD)

Nessler, Dorothea, w Johann Adam, 79 spon, 79 d Elis (ERB)

Nessler, Elisabeth, 1779, d Joh Ad (ERB)

Nessler, Salomo, now known as Thomas Schick, date of arrival unknown (AWCC 138)

Nett, Elisabetha (Magdalena), 1702, Pal, t8, w Friedrich, Ebenezer (E EP DR 8 9)

Nett, Friedrich (Ludwig), 1707, Pal, t8, h Elisabetha, Ebenezer (E EP DR 5-9)

Nettmann, Peter (PR)

Nibling, see Neibling

Niess, Catharina, 2nd w (Johann) Georg (ERB)

Niess, Christiana, w Leonhard, 78 spon (ERB)

Niess, Christina Elisabetha, née Schmidt, 67 m Leonhard, 70 d Johanna Friederica, 79 s Gotthilf Israel (ERB)

Niess, (Johann) Georg I, Swab, t15, sv Boltzius, gr 53 Bethany, 55 CB Bethany, 55 m Maria Oechsele, 61 m Catharina, 61 m Sibilla Regina Geiger, dd 72 (CR 6 10 27 EC ERB ECGM)

Niess, (Johann) Georg II, 1760, s Georg I, 92 will (ERB PR GD)

Niess, Gotthilf Israel, 1779, s Leonh (ERB)

Niess, Johanna Frederica, 1770, d Leonh (ERB)

Niess, (Johann) Leonhard, gr 52, 64; 64 Ranger, 67 m C E Schmidt, gr 68, 71 wit (ACW 137 CSS CR 27 ERB PR)

Niess, Margaretha, 1707, wid, dd 73 (ERB)

Niess, Maria, née Oechsele, 1732, 55 m Georg, 58 d Rebecca, dd 60 (ERB AG IV 218 GD)

Niess, (Johannn) Martin, Swab fr Langenau, t15, gr 52 (CR 27)

Niess, Sibilla Regina, wid Geiger, 61 m Georg (ERB)

Nite Linger, see Neidlinger

Nitschmann, David, Moravian, ar 36, gr 62 Sav (E CR 28 I ECGC Fries DR GD)

Nitschmann, Georg, Moravian (CR 3)

Nobellet, Johann, 42 Vernonburg (CR 6 GD)

Nungasser (Nongasser, Nongazer), Anna Catharina, 1723, Pal, t7, d Philip I (E EP)

Nungasser, Anna Margaretha, née Salfner, 77 m Georg

Nungasser, Annabel, 1694, Pal, t7, w Philip I (E EP)

Nungasser, Annalis, 1720, Pal, t7, d Philip I (E EP)

Nungasser, (Maria) Apollonia, née Kieffer, w Heinrich I, leg, 91 will (ACWW 78 ACWW 103)

Nungasser, Barbara, w Georg, 92 leg (ACWW l03)

Nungasser, David, 59 Ranger (CSS GD)

Nungasser, Georg, s Heinrich II, 77 m Anna Margaretha Salfner, 87 wit, 92 leg (ACWW 30 AWCC l03)

Nungasser, Heinrich I, Vernonburg 1741, h (Maria) Apollonia, gr 62 Christ Church (CR 6 28 I EC ECGC PR GD)

Nungasser, Heinrich II, s (Johann) Heinrich I, h Maria Margaretha 91 leg, 1807 will (ACWW l03 ACWW 31 PR)

Nungasser, (Johann) Jacob, 1711, Pal, t7, s Philip I, 41 Vernonburg, 59 Vernonburg (E EP CR 6 28 I EC ECGC GD)

Nungasser, Johann Heinrich, 1716, Pal, t7, s Philip (EP)

Nungasser, Margaretha, leg (PR)

Nungasser, Maria, w Thomas Dowell, 86 leg (ACWW l03)

Nungasser, Maria Margaretha, w Heinrich II, 86 leg (ACWW l03)

Nungasser, (Johann) Martin, 1734, Pal, t7, s Philip I (E EP)

Nungasser, Philip I, 1682, Pal, ar 37, h Annabel (E EP)

Nungasser, (Johann) Philip II, 1732, Pal, ar 37, s Philip I (E EP)

Oadner, Oardner, see Ordner

Oat, Oates, see Ott

Ochs, Anna, née Fetzer, 67 m Friedrich, 68 d Anna, 69 s (Johann) Friedrich, 70 s David (ERB)

(**Ochs**, Anna Maria, 71 m Bartholomaeus Neibling [ERB])

Ochs, David, 1770, s Joh Fr (ERB)

Ochs, (Johann) Friedrich I, 1700, 67 m Anna Fetzer, gr 69, dd 69 (ERB CR 10 ECGM)

Ochs, (Johann) Friedrich II, 1769, s JF (ERB)

Odam, Odum, see Adam

Oechsele (Oechselin, Exley), Angelica, w Christian, 57 s Christian, 59 s Johann, dd 66 (ERB AG IV 81)

(**Oechsele**, Barbara, Swab fr Langenau, t13, d Melchior, 51 m Martin Soldner [(CR 26] Hacker 203)

Oechsele, (Johann) Christian, Swab, t14, s Michael, h Angelica, gr 65 Bethany, 67 m wid Waldburga Kraeuter, gr 59 Bethany (CR 8 EC PR ERB ECGM)

Oechsele, Elisabetha, née Gress, 66 m Johann, 69 d Maria, 76 spon (ERB)

Oechsele, Johann, Swab, t14, s Michael I, 66 m Elisabetha Gress, gr 67 Bethany, 74 pres, 76 spon (CR1:565 ERB ECGM GD)

Oechsele, Margaretha, 1770, d Chris (ERB)

(**Oechsele**, Maria I, Swab, t14, d Michael I, 55 m J G Niess [ERB] AG IV 218)

Oechsele, Maria II, 1769, d Joh (ERB)

(**Oechsele**, Maria Christina, Swab, t14, d Michasel I, 55 m J Klein [ERB])

Oechsele, (Johann) Melchior, 1727, Swab fr Langenau, t15, 51 m Maria Niess, gr 52, dd 53 (CR 27 ERB)

Oechsele, (Johann) Michael I, Swab fr Langenau, t14, gr Bethany by 57, dd 58 (EC ERB)

Oechsele (Exley), (Johann) Michael II, s Christian, dd 58 (ERB)

Oechsele, Waldburga, d Michael I, wid Kraeuter, 57 m Michael Daumer, 70 d Margaretha, 73 [name not known] (ERB)

Oesler, Jacob, Sw, t4a (CR 20 GD)

Oesler, Josef, 63 Ranger (CSS)

Offstetter, see Hoffstaetter

Ohnfeld, Johann, Sw, t4a (CR 20 GD)

Onselt, see Unselt

Ordner, (Joerg) Adam, 1708, Pal, t7, h Maria Christina, 53 gr Vernonburg, 60 Ranger (E EP CR 6 10 EC ECGC CSS PR GD)

Ordner, Heinrich, 60 Ranger, 73 CB St Phil (CR 10 CSS)

Ordner, Johann Hieronymus Friedrich, 1736, Pal, t7, s Joerg Adam (E EP)

Ordner, Maria Christina, 1709, Pal, t7, w (Joerg) Adam, dd by 39 (E EP)

Ordner, Maria Elisabetha, 1733, Pal, t7, d (Joerg) Adam, gr 59 Vernonburg (E EP CR 28 I)

Ortmann, Christoph, ca 1683, German schoolmaster, t1, h Juliana, 41 pres, gr Ebenezer, ca 42 dep for Vernonburg, dd by 55 (E EC CR 30 DR 1 4-10 15 GD)

Ortmann, Juliana, ca 1693, tl, w Christoph, pres 41, ca 42 dep for Vernonburg (E DR 2-9 GD)

Osler, see Oesler

(Ossenecker [Ossenegger], Anna Catharina, née Meyer, wid Thomas, 36 m Hans Maurer [E DR 3])

Ossenecker, Thomas, 1711, Salz, t6, 36 m Anna Catharina Meyer, dd 36 (E CR 20 DR 3 6)

(Ott, Agnesia, 73 m Josef Schubdrein [ERB])

Ott, (Johann) Gottlieb, s Sigismund, 74 pres, 94 wit (PR)

Ott, (Anna) Magdalena, née Heinrich, 43 m Sigismund, 57 s Nathaniel (ERB)

Ott, Nathaniel, s Sigismund, 1757, 83 pres, 94 will (ERB)

Ott, (Carl) Sigismund, Salz, t2, 43 m Anna Magdalena Heinrich, gr 57 Mill District, gr 59 St Math, 74 pres (E CR 7 8 EC ERB ECGM DR 2 3 5 6-10 15 GD)

Ott, Nathaniel, 1757, s Sigis (ERB)

Ott, ____, 1st w Sigismund, fr Sav, dd 42

Ounsult (Unselt?), Hanna, 75 pres (Muhl)

Oxel, Oxley, Oxstern, see Oechsele

Packer (Bacher?), Paulus, 49 requests 100 acres (CR 7)

Paner, Michael (?), 60 gr Halifax (CR 8)

Pauli, Friedrich, Sw, t4a (CR 20 GD)

Paulinger, see Bollinger

Paulitsch, (Johann) Adam I, Swab, t15, gr 52 Bethany, 74 pres, 70 wit (ACW 137 CR 27 ERB ECGM)

Paulitsch, (Johann) Adam II, 1758, s Adam I, gr 52, gr 74, 70 wit, d 74 (ACW 137 ECGM CR 27 ERB)

(Paulitsch, Anna, 1741, Swab, t15, d Adam I, 70 m Matthaeus Biddenbach, dd 78 (ERB)

Paulitsch, Anna Magdalena I, w (Johann) Philip, 58 d Anna Magdalena, 64 s

Johann Georg (ERB)

Paulitsch, Anna Magdalena II, 1758, d (Johann) Philip (ERB)

Paulitsch (Powledge), Gideon, 1766, s (Johann) Martin, dd 1827 (ERB)

Paulitsch, Gratiosa, 1761, d (Johann) Martin (ERB)

Paulitsch, Hanna Elisabetha, 1759, d (Johann) Martin (ERB)

Paulitsch, Johann, 1763, s (Johann) Martin (ERB)

Paulitsch, Jonathan, s Joh Mart (ERB)

Paulitsch, (Johann) Martin, 54 m Ursula Schweigkhoffer, gr 57 Bethany, 74 pres, 64 wit, 54 wit, 73 wit (EC ACW 50 ACW 50 ACW 116 ERB PR ECGM GD)

Paulitsch, (Johann) Philip, h Anna Magdalena, t13, gr 77 Bethany, 74 pres (EC CR 33 ERB ECGM MSG GD)

Paulitsch, Sulamith, 1757, d (Johann) Martin (ERB)

Paulitsch, Ursula, née Schweighoffer, 54 m Martin, 57 d Sulamith, 58 s Joh Adam, 59 d Hanna Elisabetha, 61 d Gratiosa, 63 s Jonathan, 66 s Gideon, by 72 m Martin Dasher (ERB)

Paulus, see Paulitsch

Pechtley, see Bechtle

Pelehew (?) (Pellihen), Anna Dorothea, 1721, Pal, t7, d Johann (EP)

Pelehew, Conrad, 1733, Pal, t7, s Johann (E EP)

Pelehew, Elisabetha Barbara, 1701, Pal, t7, w Johann (E EP)

Pelehew, Hans Adam, 1719, Pal, t7, s Elisabetha Barbara (EP)

Pelehew (Pelekew), Johann, 1709, Pal, t7, h Elisabetha Bartara (E EP)

Pelehew, Mathis, 1723, Pal, t7, s Johann (EP)

Pelehew, Susanna, 1732, Pal, t7, d Johann (E EP)

Peltz, see Beltz

Penner (Penneker), Christian, Pal, h Elisabetha I, Frederica (E CR 24)

Penner, Elisabetha I, Pal, w Chrisrtina (E GD)

Penner, Elisabetha II, Pal, d Christian and Norris (DR 8)

Peters, Christoph, gr 57 Sav (ECGC PR)

Peters, Georg (PR)

(**Peters**, Ursula, 1741, m Friedrich Herb, 85 leg, dd 1814 [AOG 61 PR])

Pett, Petts, see Betz

Pfitzel (Phizzel), Barbara, German, t4b, d Maria (E CR 2)

Pfitzel (Phizzel), Catharina, German, t4b (E CR 2)

Pfitzel, Christian, German, s Maria, t4b (E)

Pfitzel, Dorothea, German, d Maria, t4b (E)

Pfitzel, Margaretha, German, d Maria, t4b (CR 2)

Pfitzel, Maria, German, wid Peter, t4b (E CR 2)

Pflueger (Fleger), Barbara, née Rau, 57 m Johann I, 59 d Anna Maria, 62 s Johann, 64 s Israel, 66 s David, 69 s Jonathan, dd 77 (CR 8 ERB)

Pflueger, Johann I, Swab fr Langenau by Ulm, t15, gr 52; 57 m Barbara Rau, gr 60 Bethany, 78 mil (GCS CR 27 ECGM Hacker 232 MSG GD)

Pflueger, Johann II, 1762, dd 77

Pflueger, Jonathan, 1769, s Joh I (ERB)

Phyfer (Phifer, Phifner), Daniel, Sw fr Bern, sv Michael Burckhalter, Hampstead, 37 will (ACW lll PR)

Phyfer, Isabelle, Sw fr Bern, d Daniel, Hampstead, mentioned (ACW lll PR)

Phyfer, Johann, s Daniel, Hampstead, mentioned (ACW lll PR)

Phyfer, Ulrich, s Daniel, Hampstead, mentioned (ACW lll PR)

Pichler, see Bichler

Pickli, Agnesia, 1698, Pal, t8, wid Hans Georg, Frederica (E EP)

Pickli, Hans, 1721, Pal, s Agnesia, t8, Frederica (E EP)

Pickli, Hans Georg, 1695, Pal, t8, h Agnesia, Frederica (E EP)

Pickli, Jacob, 1730, Pal, t8, s Hans Georg, Frederica (E EP)

Pickli, Thomas, 1725, Pal, s Hans Georg, Frederica (E EP)

(**Piedler**, Catharina, 1711, Salz fr Lichtenstein-Salfeld, t1, w Stephan Rottenberger [CR 1 5 6])

Piltz, Andreas, 1705, Salz fr Radstadt, t9, h Sibilla, dd 42 (E CR 30 DR 8 9 14 15 GD)

Piltz (Beltz), Anna I Maly (Mallet?), d Hanna, 70 leg (PR ERB ACW 13)

Piltz, Anna II, w Sigismund, 65 leg (ACW 13 PR)

Piltz (Biltz), Hanna, wid Christ Church, 70 will (ACW 12 PR)

(**Piltz**, Sibilla, 1714, Salz fr Radstadt, t9, w Andreas, after 42 m Bartholomaeus Zant [E CR 30 DR 9])

Piltz, Sigismund, Swab fr Bechingen an der Brentz, t15, gr 54, 61 Bethany,

64 wit, 65 will, dd 65 (CR 7 27 EC ACW 93 ACW 13 ECGC ECGI ECGM CCB PR GD)

(**Piltz**, Susanna, Swab fr Bechingen an der Brentz, 59 conf, m Johann Gabel II)

Pitcher (?), Wilhelm, German, dd 39 (E)

Pittenburg, Matthias, carts provisions from Abercorn to Ebenezer during British occupation (CR 38 II 610). May equal Matthaeus Biddenbach.

Pittyzant, probably error for Zand

Platner, Johann, 37 sv to Wm Stephens (CR29:478)

Plessi, Anna Catharina, 1686, Pal, ar 37, w Johann Jacob (E)

Plessi, Anna Ulrica, 1728, d Johann Jacob (E)

Plessi (Blasse), Johann Jacob, 1687, Pal, t7, h Anna Catharina, sells lot Vernonburg (E CR 6 CCB GD)

Plessi, Maria Elisabetha, 1716, Pal, t7, d Johann Jacob (E)

(**Pletter**, Elisabetha I, née Wassermann, 39 m Johann I, 65 m Christian Hessle [DR 5-9 GD])

Pletter, Elisabetha II, d Johann, 41 pres (DR 8)

Pletter, Johann I, 1705, Austrian, t6, 39 m Elisabetha Wassermann, gr 57 Mill District (E CR 3 20 EC PR DR 5-9 ECGM GD)

Pletter, Johann II (?), s Elisabetha (ACW 112).

Polhill, Anna, wid, gr 67, name not German

Pollinger, see Bollinger

Portz, Jacob, Pal, t11, h Magdalena, 55 CB Goshen, gr 57, 60 (CR 30 31 EC PR ECGM)

Portz, Magdalena, Pal, t11, w Jacob (CR 30 31)

Portz, Maria Anna (PR)

Portz, (Johann) Peter, dd 59 (PR)

Portz, (Georg) (Johann) Philip, Pal, t11, gr 50 Goshen, 57, 58 Abercorn; 56 CB Goshen, 64 wit (CR 6 31 ACW 50 CB Inv PR ECGM DR 14 15 GD)

Powledge, Powlitch, see Paulitsch

Powlinger see Bollinger

Prahl (Pral), Hans, Sw, t4a (CR 20 unpublished GD)

Preisier, Christian, 73 m Johann Dopp (ERB)

Preisier, Johanna, 73 m Christian (ERB)

Preising, Christian I, gr 52 (CR 27)

Preising, Christian II, gr 52 (CR 27)

Priber, Pryber, see Prieber

(Pricker, Elisabetha, Swab fr Langenau, 52 m Martin Lackner II, dd 52 [DR 15 GD])

Prieber (Priber, Pryber), Christian Gottlieb, 1697, fr Zittau in Saxony, dd ca 44 (CR 26 DGB DR 11 GD)

Puntz, see Buntz

Raag (?) (Raagin), Barbara, Pal, t11 (CR 30 31)

Rabenhorst, Anna Barbara, née Brand, wid Kraft, t14, 52 m Christian, 79 will, dd 79 (CR 6 27 EC)

Rabenhorst, Rev, Christian, fr Poggenkoepp in Hintepommern, 1728, t15, 52 m wid Anna Barbara Kraft, gr 53, 56, 57, 59, 61, 63, 65, 71; 55 CB Ebenezer, dd 76 (CR 6 27 EC CB PR ECGM GD)

Radick, (Anna) Apollonia, Pal, t7, d Johann (E)

Radick, (Maria) Barbara, Pal, t7, w Johann, gr 57 Lacy's Island (E CR 7)

Radick, Caspar, s Peter, 78 leg (AWCC 122 PR)

Radick, Catharina, 1736, w Peter, 78 leg, dd 1817 (PR *Savannah Republican* 10/4/1817)

Radick, Elisabetha, d Peter, 78 leg (AWCC 122 PR)

Radick, Jacob, s Peter, 78 leg (AWCC 122 PR)

Radick, Johann I, Pal, t7, h (Maria) Barbara, gr 54 Little Ogeechee, 58 CG Little Ogeechee, 64 Christ Church (E EC CR 6 27 ECGC)

Radick, Johann II, Pal, t7, s Johann I (E)

Radick, Maria, d Peter, 78 leg (AWCC 122)

Radick, (Hans) Michael, Pal, t7, s Johann I, gr 54, 55 CB Acton, gr 59 Point Hope, 78 wit (E CB AWCC 122 CR 27 ECGI PR GD)

Radick, Nancy, d Peter, 78 leg (ACWW 122 PR)

Radick, (Johann) Peter, Pal, s Johann, h Catharina, gr 59 Christ Church, 78 will (E AWCC 122 ECGC PR)

Radick, Salome, d Peter, 78 leg (AWCC 122 PR)

Radick, Salomo, wit (PR)

Radick, Sophia, d Peter, 78 leg (AWCC 122 PR)

Radner (Rhodener), Barbara, 1680, Pal, t7, w Lorentz (EP CR 2)

Radner, Lorentz, 1679, Pal, t7, h Barbara, gr Vernonburg (EP CR 2 6)

Radner, Maria Barbara, 1721, Pal, t7, d Lorentz (EP CR 2)

Radner, Nikolaus, 1716, Pal, t7, s Lorentz (EP CR 2)

Radner, Woolrea?, 1724, Pal, t7, s Lorentz (CR 2)

Ragnous, Anna Maria, 1730, Pal, t8, d Johann I, Frederica (E EP CR1:20)

Ragnous, Johann I, 1704, Pal, t8, h Margaretha, Frederica, 48 wit in Charleston (E EP CR 24 30 GD)

Ragnous, Johann II, 1726, Pal, t8, s Johann I, Frederica (E EP)

Ragnous, Margaretha, 1702, Pal, t8, w Johann I, Frederica (E EP CR1:20)

Rahn, (Anna) Barbara, née Paulitsch, w Conrad, 53 s Georg, 54 s Matthaeus, 58 s Obadiah, 60 d Lydia, 62 s Jonathan, 64 d Maria, 67 d Hanna Margaretha, 69 s Josef, 72 s Jacob, 73 leg (ACW 116 ERB PR DR 5)

Rahn, Caspar, br Conrad, Swab, t13, gr 52 Briar Creek, 57 Augusta (EC CR 6 27 ECGP GD)

Rahn, Conrad, Swab fr Ulm, t13, h Anna Barbara, 57 ensign militia, gr 57 Bethany, 74 pres, 73 will, 74 wit, dd by 83 (CR 8 10 15 EC ACW 22 116 Muhl ERB PR ECGM) Son (?) of Conrad Rahn, ar Philadelphia 1737 on St Andrews Galley (Strassburger-Hinke I 179)

Rahn, Jacob, 1772, s Conrad, 73 leg (ACW 116 ERB PR)

Rahn, Jasper, gr 57 St Paul (ECGP)

Rahn, Jonathan, s Conrad, 83 m Christina Buntz, 73 leg, 93 pres, dd 1840 (ACW 116 ERB PR)

Rahn, Josef, 1769, s Conrad, 73 leg (ACW 116 PR)

Rahn, Lydia, 1760, d Conrad, 73 leg (ACW 116 ERB PR)

Rahn, (Anna) Margaretha, 1767, d Conrad, 73 leg (ACW 116 PR)

Rahn, Maria, dd 1729 (ERB)

Rahn, Matthias, 1754, s Conrad, 76 1st Lt., 73 leg, 93 pres, dd 1822 (PR GD)

Raiser, see Rieser

Ramsett, Ramsut, Ramshard, see Remshart

Ratien, Anna Dorothea, Pal, t11, d Margaretha (CR 31)

Ratien, Maria, Pal, sister-in-law of Matthaeus Wuest, t11 (CR 31 GD)

(Rau, Anna Catharina I, 1697, Swab, t15, mo Georg, gr 52, dd 59 (CR 27 ERB GD)

Rau, Anna Christina II, d Anna Catherina, 56 m Johann Georg Ziegler, 57 d

93

Hanna Elisabeta (ERB)

(**Rau**, Barbara, 57 m Hans Pflueger [ERB])

Rau, Caspar, Swab fr Langenau, t15 (CR 27)

Rau, (Johann) Georg, 1715, Swab fr Leipheim, t15, s Anna Catharina, gr 52, dd 53 (EC CR 27 AG 374)

Rau, Maria, d Anna Catherina, w Gabriel Maurer, dd 59 (ERB)

Rauner, Conrad, s Leonhard, Swab, 59 land at Blue Bluff (CR 8)

Rauner, Leonhard, Swab fr Hirnstein by Ulm, 1706, t1, 35 m wid Maria Magdalena fr Purysburg, dd 40 (E EC CR 3 6 DR 2-8)

Rauner, Maria, d Maria Magdalena, 41 pres (DR 2 5 7 8)

(**Rauner**, Maria Magdalena, wid fr Purysburg, 35 m Leonhard, 41 m Schartner [DR 2 3 5 7 8 GD])

Rauner, Matthias, 1725, s Leonhard, 41 pres (DR 6 8)

Rauschgott, Simon, see Reuschgott

Raynour, see Reitenauer

Readdick, see Radick

Reamshart, Reimshart, see Remshart

Reaser, see Rieser

Reck, Philip Georg Friedrich von, fr Hanover (DR 1 GD)

Regnier (Reinier), Alexander, neph Jean François Regnier, 75 leg (ACW 116)

Regnier, Jane, leg (PR)

Regnier (Reiner, Reinier, Ranier, Renniger), Jean François, Sw Baptist fr Ephrata, joins Moravians, ar 35; 38 dep for Germany, reappears in Ga via Ephrata, gr 70 Goshen, 75 will, dd by 77 (CR 10 15 19 ACW 116 Fries DR 5 6 8 PR ECGM)

Regnier, Maria, w Jean François, 65 leg, dd 77 (ACW 116 PR ERB)

Regnier, Silvia, leg (PR)

Regnier, ____, wid, dd 77 (ERB). Probably widow of Jean François Regnier.

Rehm, Catharina, w Friedrich, mo Johann Bartholomaeus Waldburger, 89 will (AWCC)

Rehm, Friedrich, Catholic surgeon fr Black Forest, h Catharina, 82 pres Ogeechee, 84 will (AWCC GD)

Reidelsperger, see Riedelsperger

Reinier, see Regnier

Reiser, Reser, see Rieser

Reitenauer, Lorentz, 49 sells lot Vernonburg (EC under Johann Berrier, CCB)

Reiter, Carl (Reitter, Caul), 1707, t7, gr 59 Christ Church, 59 Acton, 60 Goshen (EP CR 8 ECGC ECGM GD)

(Reiter, Dorothea, 1748, 60 conf, 67 m J. J. Kieffer I [ERB DR 17])

(Reiter, Elisabetha, 1746, 60 conf, 70 m C E Zittrauer [ERB DR 17])

(Reiter, Gertraut, née Schoppacher, wid S Steiner, 41 m Peter, d Sara, m B Bacher [DR 8 9])

(Reiter, Hannah, d Simon, 68 spon, 70 m Christian Ernst Zittrauer [ERB])

Reiter, Johann I, Pal, t7, 55 CB Ebenezer, gr 54, 57 Mill District, 61, 68 (CR 6 27 CB ECD ECGM)

Reiter, Johann II, s Peter (deceased), 60 conf, gr (EC AG IV 126)

Reiter, Johann Peter, 55 lot, 60 Ranger (CSS). May be same as Johann II

(Reiter, Johanna, 70 m Ernst Zittrauer)

Reiter, Magdalena, née Gebhart, wid Simon Steiner, 41 m Peter Reiter dd 41 (ERB DR 8)

Reiter, (Maria) Magdalena, 1718, d Simon, dd 70 (DR 8)

Reiter, Margaretha (Mariagot), 1734, Pal, t7, d Paul (E EP)

Reiter (Reuter), Maria, Salz fr St Ulrich in Tyrol, 1712, t1, dd 34 (E CR 6 DR 1)

Reiter, Maria Elisabetha, 1708, Pal, t7, w Paul (E EP)

Reiter, Michael, gr 58 Skidoway, 69 Christ Church, 66 Skidoway (CR 10 ECGC ECGI GD)

Reiter (Rheiter), (Johann) Michael, 1733, Pal, t7, s Paul (E EP CR 7). Same as above?

Reiter (Rieter), Paul, 1707, Pal, t7, h Maria Elisabetha (E EP)

Reiter, Peter, 1715, Austrian, t6, h Gertraut, 41 m Magdalena, gr 57, 67 Christ Church, dd by 55 (E CR 10 20 EC ECGC DR 3-6 8 9 PR)

Reiter, (Johann) Philip, 1732, Pal, t7, s Paul, 62 CB St Math, 63 Ranger (EE EP CSS)

Reiter, Sara, d Gertraut

Reiter (Reuter), Simon, Salz fr Gastein, 1707, t1, 39 m Magdalena Gebhart,

55 CB Ebenezer, gr 57 Mill District, 59 St Math (CR 7 8 EC CB DR 2 3 5 6 8 13 ERB ECGM)

Reizer, see Rieser

Remshart, Anna Margaretha, née Mueller, 64 m Johann, 65 s Daniel, 67 d Catharina, 68 d Judith, 79 s Christian & d Christina, dd 73 (ERB)

Remshart, Catharina, d Johann, 78 leg (AWCC 123 ERB)

Remshart, Christian, 1773, s Joh (ERB)

(Remshart, Christina, Swab fr Langenau, 59 conf, 64 m Johann Meyer [ERB])

Remshard, Christina Elisabetha, née Schubdrein, 73 m Johann, 78 d Elisabetha (ERB)

Remshard, Daniel I, Swab fr Langenau, t14, h Margaretha, gr 59 Mill District, dd 67 (CR 1:565,8 EC ERB ECGM Hacker 234 GD)

Remshard, Daniel II, 1765, s Johann, 82 leg (AWCC 123 ERB

Remshart, Elisabetha, 1778, d Joh (ERB)

Remshard, Hanna, d Johann, 82 leg (AWCC 123 ERB)

Remshart, Hanna Margaretha, dd 73 (ERB)

Remshard, Johann, Swab fr Langenau, s Daniel I, gr 60, 68 St George; 64 m (Anna) Margaretha Mueller, 73 m Christina Schubdrein, 74 pres, dd by 83, 72 wit, 82 will (ERB CR 9 10 ACW 122 AWCC 123 PR ECGM)

Remshard, Judith, d Johann, 82 leg (AWCC 123 ERB)

Remshard, Margaretha, w Daniel, 57 d Christina, 68 gr, 73 s Christian & d Christina (ERB)

Renniger, see Regnier

Rentz, Barbara, née Unselt, 54 m Johann, 56 s Johann, 61 s Gottlieb, 60 d Johann Christina, 64 d Maria Friederica, 70 d Catharina Maria (ERB)

Rentz, Cornelia Adriana, administratrix (PR)

Rentz, (Johann) Georg, t12, sv Matthaeus Burgsteiner, 68 m Hanna Maria Kalcher, 59 gr Ebenezer, dd 70 (ERB CR 8 Inv PR GD)

Rentz, Hanna Margaretha, née Kalcher, 68 m Georg, dd 70 (ERB)

Rentz, Johann I, 54 m Barbara Unselt, gr 59 Ebenezer, 72, 74, 75 wit, 78 military (CR 7 10 EC ACW 116 GCS ERB ECGM)

Rentz, Johann II, 1754, s Johann I, 78 mil (GCS ERB AG 505)

Rentz, Johanna Christina, 1761, d Joh (ERB)

Rentz, Lorentz (Lawrence) (PR)

Rentz, Maria Friederica, 1764, d Joh (ERB)

Resch, Andreas, Salz fr St Veit, tr 2, 34 m Sibilla Schwab, 35 lost in woods (E EC DR 2 3 ERB)

(Resch, Sibilla, née Schwab, Salz fr St Johannis, wid Andreas, 38 m Thomas Gschwandl, dd 58 [DR 2 3 8 AG IV 268])

Reser, see Rieser

Rester (Resta, Riester), (Georg) Friedrich, Pal fr Durlach, settled in Purysburg, 55 m M M Mengersdorff, 67 CB St Phil; 76 1st Lt, 93 wit (CR 9 10 AWCC 35 ERB GD)

Rester, Friedrich II, 1765, s Friedrich I (ERB)

Rester, Maria Magdalena, 76 spon (ERB)

Rester, Maria Margaretha, née Mengersdorff, 55 m Friedrich, 65 s Friedrich (ERB)

Reuschgott, Simon, 17ll, Salz, trl, dd 35 (E DR 2 6)

Reuter, see Reiter

Rezer, see Rieser

Rhan, see Rahn

Rheinauer, Abraham, 1756, s Leonhard (ERB)

Rheinauer, (Anna) Barbara, w Leonhard, 56 s Abraham (ERB)

Rheinauer, Catharina, 56 spon (ERB)

Rheinauer, Leonhard, h Barbara (ERB)

Rheinlaender, Christian Coleman I, s Friedrich, pres 4l (DR 2 8 GD)

Rheinlaender, Christian II, s (Johann) Martin (ERB)

Rheinlaender, Friderica Catharina, née Brueckner, 63 m Martin (ERB)

Rheinlaender, Friedrich I, Pal, 34 ar Ebenezer, h Maria Anna I, before 38 dep for New York, dd by 50 (DR 1 5 8 GD)

Rheinlaender, Friedrich II, s Friedrich I, 36 pres Ebenezer (DR 3)

Rheinlaender, Johann Christoph, 1773, s JM (ERB)

Rheinlaender, Johann Martin, h Maria, gr 50, 60 pres, 60 m Friederica Catharina Brueckner, dd 76 (CB EC ERB CR 27 ECGM DR 13 15 GD)

Rheinlaender, Maria, née Kalcher, w Johann Martin, 60 pres (ERB GD)

Rheinlaender, Maria Anna I, w Friedrich I (DR 2-10 GD)

Rheinlaender, Maria Anna II, w Friedrich II (DR 8)

Rheinstettler, Adam, gr 41, 53 Vernonburg (CR 6 27 EC PR GD)

Rheinstettler, Anna Dorothea, 1721, Pal, née Pelihew, t7, d Elisabetha Pelehew (E PR)

Rheinstettler, David, gr 59 Vernonburg (CR 28 I ECGC GD)

Rheinstettler, Elisabetha, Pal (E)

Rheinstettler, Hans, 1719, Pal, t7, s Elisabetha Pelekew (E)

Rheinstettler, (Johann) Matthias, 1723, Pal, t7, s Elisabetha Pelekew, gr 44 Vernonburg, 76 will (E CR 27 EC ACW 117 ACWW 122 PR)

Rhode (?), Gottfried, 69 wit (ACW 132)

Rhode, Hans Jacob, 1707, Pal, t7, h Susanna, dd 38 (E EP)

Rhode, Susanna, 1695, Pal, t7, w Hans Jacob, m Plessi (E EP)

Rhodener, see Radner

Rhylander, see Rheinlander

Richard, Elisabetha, Pal, t11 (CR 26)

Richard (Reichert Ritschard?), Iscariot, Pal, tll, s Thomas, bro Wilhelm, ran away to Congarees (CR 26)

Richard, Lorentz, 1736, Pal, s Thomas, tll, sv wid Graniwetter, 49 ran away to Congarees (CR 26 GD)

Richard, Michael, 1730, Pal, s Thomas, t11, 49 ran away to Congarees (CR 26 GD)

Richard, Peter, 1733, Pal, s Thomas, t11, 49 ran away to Congarees (CR 26 GD)

Richard, Thomas, Pal, t11 (CR 26 GD)

Richard, Wilhelm, Pal, tll, s Thomas, bro Iscariot, ran away to Congarees (CR 26)

Richter, Johann, gr 60 (ECGC)

Riedel, Catharina, Moravian, w Friedrich, ar 35 (E Fries)

Riedel, Friedrich, Moravian, h Catharina, ar 35, dd 35 (E Fries CR 29)

Riedelsperger, Adam I, 1701, Salz fr Lichtenstein-Saalfeld, t2, h Barbara, dd 36 (E DR 1-7 Inv GD)

Riedelsperger, Adam II (Inv)

Riedelsperger, Anna, w Ruprecht, 38 s Johann (DR 6)

(Riedelsperger, Barbara, Salz fr Lichtenstein-Saalfeld, t2, wid Adam I, 37 m

Geo Kogler [E DR 2 4])

Riedelsperger, Catharina, née Valentin, 36 m Stephan, dep 38 (DR 3 5)

Riedelsperger, Christian I, Salz fr Lichtenstein-Saalfeld, t2, dd 50 (E CB CCB ERB CR 10 DR 3 5-9 15 GD)

Riedelsperger, Christian II, 1715, Salz fr Lichtenstein-Salfeld, t2, s Christian I, 41 m Maria Schweighoffer, gr 51, 54, 55 CB Ebenzer, 56 gr Goshen, 57, 55 wit, dd 60 (CR 6 27 EC CCB ERB PR ECGM)

Riedelsperger, Johann, 1739, s Ruprecht (DR 6)

(Riedelsperger, Maria I, née Schweighoffer, 1726, Salz, tl, w Christian II, 56 s Samuel Leberecht [PR CR 10 DR 1 6 8 914 15 ERB])

(Riedelsperger, Maria II, 60 m John Wilson [ERB])

Riedelsperger, Nikolaus, 1688, Salz, t2, dd 36 (E DR 2 3 6 GD)

Riedelsperger, Ruprecht, Salz, t2, h Anna (DR 6)

Riedelsperger, Samuel Leberecht, 1756, s Chris II (ERB)

Riedelsperger, Stephan, Salz fr Lichtenstein-Salfeld, t2, 36 m Catharina (E CR 29 DR 3-7 GD)

Rieger, Nikolaus, 1686, fr Purysburg, 53 wit (CCB GD)

Riegler, Catherina, 1722, t10, w Leonhard (E CR 30)

Riegler, Leonhard, 1716, Sav butcher, t10, h Catharina, gr 42, 43 Vernonburg (E CR 5 6 27 30 GD)

Rieser, Adam, fr Purysburg, gr 70 St Math (CR 11 ECGM)

(Rieser, Anna Dorothea, née Meyer, 54 m Georg I, 60 m G Fischer [ERB])

Rieser, Anna Maria I, 1709, Salz, t6, née Zettler, wid Steiger, w Michael I, dd 37 (E CR 20 DR 6)

Rieser, Anna Maria II, née Winnagler, 56 m Jacob Friedrich, 57 d Maria (ERB)

(Rieser, Apollonia, w Michael II, 60 d Catharina, 62 d Maria, 65 s David, 78 m Matthaeus Biddenbach), 75 leg (ACW 118 ERB PR DR 8)

Rieser, Balthasar, 1724, Salz fr Gastein, t2, s Bartholomaeus, 52 m Maria Bacher, wid Bichler, 55 CB Ebenezer, gr 59 Bethany, 65, 74 pres, 75 will (E CR 8 EC DR 3 4 6 8 15 ACW 117 ERB PR ECGM)

Rieser, Bartholomaeus, 1682, Salz fr Breitenberg in Gastein, t2, h Maria Zugeisen, dd 48 (E EC DR 1-4 6 12)

Rieser, Benjamin, s Balthasar, h Catharina, 74 pres, 75 leg (ACW 117 PR MSG)

Rieser, Catharina, née Michler, Swab fr Nerenstetten, w Benjamin, 79 d Maria (ERB)

Rieser, Christina I, d Michael II, 75 leg (PR ACW 118)

Rieser, Christina II, 1779, d Nathaniel (ERB)

Rieser, David, 1765, s Michael II, 75 leg (PE ERB ACW 118)

(Rieser, Dorothea, d Israel, w Salomo Zant, gr 70 st Math 78 spon, ca 78 m spon, ca 78 m Nathaniel Rieser, 79 d Christina [ERB CR 1O ECGM])

Rieser, Dorothea, d Johann Gugel, 88 leg (ACWW 49 ERB)

Rieser, Elisabeth, 1763, d Joh Georg (ERB)

Rieser, (Jacob) Friedrich, 56 m Anna Maria Winnagler (ERB)

Rieser, (Johann) Georg I, 1726 Salz, t2, s Bartholomaeus, 54 m Anna Dorothea Meyer, 55 CB Black Creek, gr 58 Black Creek, 59 Goshen, dd 60 (E CB ERB CR 8 EC DR 3 5 6 8 9 ECGM)

Rieser, (Johann) Georg II, m Sibilla Regina (ERB)

Rieser, (Johann) Gotthilf, 1758, s Balthasar, 75 leg (PR ACW 117)

Rieser, Gottlieb, 1735 Salz, t6, s Michael I (E CR DR 6 GD)

Rieser, Hanna I (Elisabeth), 1758, d Michael II, 75 leg (ACW 118 PR ERB)

Rieser, Hanna II (Margaretha), née Schubdrein, w Israel, 78 d Elisabetha (ERB PR)

Rieser, (Johann) Israel, s Michel II, 74 m Hanna II, 67 gr Great Ogeechee, 79 spon, 75 leg, 82 pres (CR 1O ACW 118 AWCC 123 ERB PR)

Rieser, Magdalena, née Biberger, 1705, Salz fr Lichtenstein-Saalfeld, t9, w Simon, dd 42 (E CR 30 DR 9 GD)

Rieser, Maria I, née Zugeisen, 1712, Salz, t2, w Bartholomaeus, dd 37 (E ERD DR 2-6 8 9)

Rieser, Maria II, née Bacher, w Balthasar, 58 s Johann Gotthilf, 60 s Michael, 64 d Catharina, 75 leg (ACW 117 PR)

Rieser, Maria III, 1762, d Michael II, m Jacob Hoffmann, 75 leg (ACW 118 ERB)

(Rieser, Maria IV, d Benjamin, 95 m Jacob Bechtle [ERB])

Rieser, (Johann) Michael I, 1704, Salz, s Bartholomaeus, bro Balthasar, t6, h Anna Maria I, 38 m wid Ihler, 48 dep (E CB EC ERB CR 20 DR 3-6 8 10 GD)

Rieser, Michael II, 1721, Salz, t2, s Bartholomaeus, h Apollonia, 48 pres, 55 CB Ebenezer, gr 56, 61 survey Mill District, 75 will, dd 75 (E CR 7 ACW

118 PR ECGM)

Rieser, Michael III, 1760, s Balthasar, 75 leg (ACW 117 PR ERB)

Rieser, Nathaniel, h Dorothea, 78 spon, 75 leg, dd 1800 (ACW 118 ERB PR)

Rieser, Sibilla Regina, Salz, t2, w Georg II, 63 d Elisabetha (ERB)

Rieser, Simon, 1685, Salz fr Kropfsberg, t9, h Magdalena (E CR 30 DR 8 10)

Rinck, Rink, see Ring

Ring, Agnesia, German, sv Dietzius, ar 34, m Parker, 92 leg (ACWW 120 E)

Ring, Anna (Margaretha), German, sv Dietzius, ar 34, sv Causton, 92 wit, 92 leg, dd 99 (ACWW 119 120 E *Ga. Gazette* 11/28/1799)

Ring, Catharina, German, d Johann, sv Dietzius, ar 34 (E)

Ring (Rink), Carl, 59 gr Christ Church (CR 8)

Ring, (Johann) Christian, German, s Johann (Peter) I, ar 34, gr Acton (E CR 7 EC)

Ring, (Johann) Christoph, s Johann (Peter) I, sv Dietzius, ar 34, gr 59 Acton, 65 Christ Church, 66 Ogeechee, 62 wit, 62 will, dd ,88 (ACW 23 AWCC 119 E EC ECGC PR ECGM ECGP *Ga. Gazette* 4/17/1788 GD)

Ring, Johann, s Christoph, 91 will, 92 leg (has sister in Kassel GD)

Ring, Maria I, German, d Johann, sv Dietzius, ar 34 (E)

Ring, Maria II, wid Kraft, m Johann, 54 gives lot Vernonburg (CCB)

Ring, (Johann) Peter I, German, s Johann, sv Dietzius, ar 34, dept for Purysburg (E CCB)

Ring, (Johann) Peter II, German, s (Johann) Peter I, sv Dietzius, ar 34, dept for Purysburg, 43 takes gr Acton (CR 5 E)

Rink, see Ring

Risser, Boltis, Ebenezer (CB). Error for Rieser?

Rister, Mr. and his wife (ERB), error for Rester?

Rittenberger, see Rottenberger

Ritter, Elisabetha, 67 leg (ACW 118 PR)

Ritter, Johann Friedrich, gr 71 St Math (CR11:316; 12:121). 80 Loyalist, 80 murdered (CGHS 3:302 *Royalist Gazette* 1/20/1780)

Ritter, Karl Johann Friedrich, Acton, 47 buys lot Acton, 56 CB Acton, 66 will (CCB ACW 118 PR GD)

Ritter, Maria Elisabetha, leg (PR)

Ritter, Michael, administrator (PR)

Roan, see Rahn

Roesberg (Rossberg, Roseberg, Rossburough), Friedrich, fr Sav, 69 m Johanna Cronberger, gr 73 Christ Church, 75 Bethany, 69 wit, 71 wit, 76 pres (CR 10 ACW 132 ERD AWCC 134 ECGC PR Muhl ECGM ECGP GD)

Roesberg, Johanna, née Cronberger, d Nikolaus, 69 m Friedrich (ERB)

Roesberg, Nannie (Naomi?), 1770, d Friedrich (ERB)

Rohrmoser, Barbara, Salz fr Saalfeld, 1697, tl, m of Christina & Gertraut Kroehr, dd 35 (E DR 2 6 GD)

Rohleison, see Kohleisen

(**Rohrmoser**, Maria, sis Barbara, w Moshamer [E DR 2])

Rolfes, Elisabetha Anna, d Friedrich, 83 leg (ACWW 122)

Rolfes, Friedrich, 83 will (AWCC 122)

Rolfes, Theresa, d Fr, 83 leg (AWCC 122)

Rolfes, Wm Georg, s Friedrich, 83 leg (AWCC 122)

(**Roner**, Magdalena, 1712, Salz fr Bischofen, t9, 42 m (Johann) Georg Meyer [E CR 30 AN3:1885] DR 9)

Roof, see Ruf

Rosbury, Rosborg, see Roesberg

Rosch (actually De Roche), Abraham, h Hanna (ERB)

Rosch, Gideon, 1770, s Abraham (ERB)

Rosch, Hanna, w Abraham, 70 s Gideon (ERB)

Rosch, (Anna) Maria, fr Purysburg, 54 conf (DR 17)

Roscher, Gottfried, Moravian, ar 36 (E)

Roscher, Heinrich, Moravian, ar 36, dd 36 (Fries)

Rose, Anna Catharina, Moravian, d Peter, ar 37, dd 37 (Fries)

Rose, Maria Magdalena, Moravian, d Peter, ar 37, dep 39 (Fries)

Rose, Peter Rudolf, hunter with Moravians, ar 37, dep 37 (E DR 3 Fries GD)

Roth, Anna, née Fetzer, 67 m Georg Ludwig (ERB)

Roth (Rott), Georg Bartholomaeus, Bavarian fr Wurzburg, 1688, tl, dep 35, dd 35 (E CR 2-7 GD)

Roth, Georg Ludwig, 67 m Anna Fetzer, dd 67 (ERB PR GD)

Roth(?) (Rohd), Gottfried (PR)

Roth, ____, 1st w Georg Ludwig, 66 s Johann Christoph (ERB)

Roth, Maria Barbara, née Oswald, Bavarian fr Wuerzburg, 1701, tl, w Georg Bartholomaeus, dep 36 (E CR 2 3 6 GD)

Rothenberger, see Rottenberger

Rothmaler, Job (CBJ)

(Rottenberger, Anna Franziska, 1750, d Stephan, 7l m Andreas Gnann [ERB DR 14])

Rottenberger, Catharina, née Piedler, Salz, t2, w Stephan, 50 d Anna Franziska (E DR 2 3 5 6 89 11 12 14)

Rottenberger, Christian, s Stephan, gr 50, 56 Bethany, 60 Ebenezer, 69; 74 pres (CR 8 27 EC ECGM)

Rottenberger, Christoph, h Elisabetha, 55 CB Ebenezer, gr 56, 69 Bethany, 69 wit (CR 6 10 27 EC CB ACW 142 PR ERB ECGM DR 8-10 14 15)

Rottenberger, David, 1741, s Stephan (DR 8)

Rottenberger, Elisabetha I, w Christoph, 5l pres, 59 d Elisabetha (ERB DR 15)

Rottenberger, Elisabetha II, 1759, d Christoph (ERB)

Rottenberger, Johann, s Christian, 74 pres, 78 spon (ERB PR MSG)

Rottenberger, Nikolaus, Salz, 38 pres (CR 22 I)

Rottenberger, Stephan, Salz fr Lichtenstein-Salfeld, 17ll, t2, h Catharina, 39 pres (E CR 3 6 DR 1-6 7 8 11-14)

Rottenberger, Susanna, 1738, Salz, d Stephan, dd 48 (DR 6 12)

Rudolf, Ludwig Carl, imposter claiming to be Prince of Wuerttemberg, ar 40 Frederica, indentured to Oglethorpe. Reappears in Georgia as minister (CR36:167-74 DR 9)

Rueter, see Reiter

Ruf (Roof), Jacob I, 1690, Pal, t8, Frederica, 49 pres (E EP CR 36 GD)

Ruf, Jacob II, 1717, Pal, t8, s Jacob I, 49 signs petition (E EP CR 36 GD). May be the Ranger called Rough, 56: CSS)

Ruf, Margaretha, 1731, Pal, t8, d Jac I (E EP GD)

Rumpf, Christian, 43 sv at Trustees' mill (CR 6 GD)

Ruppert (Ruprecht?), Johann, butcher in Ewensburg, date of ar not known, 92 will (PR ACWW 118)

Ruscher, see Roscher

Rushminsha, (also Runsmursh), Elisabetha, Pal, t7 (E EP)

Sackinger, see Seckinger

(Saecht, Maria Sibilla, 75 m J G Maurer [ERB])

Salfner (Salffer, Saltner), (Johann) Adam, gr 52 (CR 27)

Salfner, Agatha, 1712, Swab fr Moergestetten, t15, w Matthias I (CR 8)

(Salfner, Anna Margaretha, 1740, Swab fr Moergestetten, d Matthias, 77 m Georg Nungasser)

Salfner, Dorothea, nee Gnann, 1769, d Jacob, w Matthias II

Salfner, Jacob, 1745, Swab fr Moergestetten, s Matthias

Salfner, (Georg) Leonhard, 1739, Swab fr Moergestetten, s Matthias, gr 52, dd 54 (CR 27)

Salfner, Matthias I, Swab fr Moergestetten, t15, h Agatha, gr 52, 59 Vernonburg, 59 Ranger (PR CR 8 27 ECGC CSS GD)

Salfner, Matthias II, 1737, s Matthias I, m Dorothea Gnann, 60

Salfner, Matthias II, 1737, s Matthias I, m Dorothea Gnann, 60 Ranger, dd 1806 (*Columbia Magazine* 3/22/1806)

Salfner, Michael, gr 59 Christ Church, 66 Ranger, 91 wit (CR 28 I CSS ACWW 103 GD)

Salice, Anton I (also called Andrew?), Sw fr Grisons, w Catharina, t4c, 40 ret London, 41 ret Sav, 57 pres (E CR 5 30). (Egmont puts Salice on t10 GD)

Salice, Anton II, 1731, Sw fr Grisons, s Anton I, t4c, gr 56 Skidaway (EP CR 5 GD)

Salice, Catharina, 1729, Sw fr Grisons, t4c, w Anton I, 56 pres (E EP CR 5 29:148 GD)

Salice, Maria Catharina, Sw fr Grisons, d Anton I, t4c, 57 pres (E CR 5)

Saltner, Matthaeus (PR)

(Sanftleben, [Anna] Elisabetha, 1698, Silesian, sis Georg, t8a, 40 m Michael Schneider, 59 pres, dd 60 [E ERB CR 30 AG IV 94,132 DR 2 6 GD])

Sanftleben, Georg, Silesian, t2, 40 m Magdalena Arnsdorff, dd 49 (E EC CR 30 DR 2-10 13-15)

Sanftleben, Magdalena, née Arnsdorff, 40 m Georg, 41 s (DR 7 8 10)

Sauler, Jacob, fr Ogeechee, 72 pres (ERB)

Sauler, ——, w of above, 72 s Jacob (ERB)

Schad, Anna I, Sw, t10, d Hans Joachim I (E CR 30); She may have been one of the four Schaads who emigrated from Walliswil in Switzerland (FB II 68).

Schad, Anna II, d Salomo I, 78 leg (AWCC 136)

Schad, Catharina, w Salomo I, 58 spon, 68 leg, 78 will (ACW 123 AWCC 136 PR)

Schad, Eva, 1694, Sw, t10, w Hans Joachim I (E CR 30)

Schad, Hans Joachim I, 1691, Sw, t10, h Eva, gr 41 Vernonburg, dd by 43 (E CR 5 6 27 30)

Schad, Hans Joachim II, 1725, Sw, t10, s Hans Joachim I, gr 43 Vernonburg (E CR 5 30 GD)

(**Schad**, Margaretha I, 1729, Sw, t10, d Hans Joachim I, m Friedrich Treutlen [E CR 30])

Schad, Margaretha II, d Salomo I, m Basset, 78 leg (ACWW 136)

Schad, Salomo I, 1723, Sw, t10, s Hans Joachim I, h Catharina, 42 captured by Indians, 47 rower, gr 57 Ogeechee, 68 will (E CR 28 I 30 36 EC ECGC ACW 37 Inv PR GD)

Schad, Salomo II, s Salomo I, 78 leg (AWCC 136)

Schad, Sigismund (PR)

Schaeffer, Balthasar, 1742, fr Hanau by Frankfurt, ar 70 Sav, 72 m Margaretha Eppinger, m Jane Godfrey, dd 1811 (PR *Columbia Magazine* 5/2/1811)

(**Schaeffer**, Barbara, fr Purysburg, 55 m Casp Klock [ERB])

Schaeffer, Margaretha, née Eppinger, w Balthasar, 97 leg (ACWW 37)

Schaf, Ulrich, tll (CR 30 31)

Schanbacker, see Schoenbacher

Schantz, Andreas, 1734, Pal, t8, s Johann Peter, Frederica (E EP DR6:333)

Schantz, Anna Magdalena, 1720, Pal, t8 Frederica, d Johann Peter (E EP DR6:333)

Schantz, Anna Maria, 1697, Pal, t8, w Johann Peter, Frederica (E EP DR6:333)

Schantz, Carl, 1731, Pal, t8, s Johann Peter, Frederica (E EP DR6:333)

Schantz, Christoph, 1717, Pal, t8, s Johann Peter, Frederica (E EP DR6:333)

Schantz, Hans Adam, 1726, Pal, t8, s Johann Peter, Frederica (E EP

DR6:333)

Schantz, Johann Peter, 1696, Pal, t8, h Anna Maria, Frederica (E EP PR GD)

Schantz, Philip, 1736, Pal, t8, s Johann Peter, Frederica (E EP DR6:333)

Schantz, Wilhelm, 1722, Pal, t8, s Johann Peter, Frederica (E EP DR6:333)

Schartner, Jacob, Salz, t2, 41 m wid Maria Magdalena Rauner (E EC CR 3 DR 6 GD)

Schartner, Maria Magdalena, wid Rauner, 41 m Jacob, 59 gr St Phil (CR 8 9)

Schaub, Adam (CB)

Scheel, Christian Friedrich, Pal fr Weyerbach, dd 69 (ERB)

Scheffer, Barbara, Pal, t7, w Johann Christoph (E)

Scheffer, (Johann) Christoph, Pal, t7, h Barbara, 53 sells lot Vernonburg (E EP CCB)

Scheffer, (Johann) Friedrich, Pal, t12, ran away to Congarees (CR 26 GD)

Scheffler, Catharina I, 1715, Salz, t9, née Kroeder, w Georg, dd 42 (CR 30 DR 9)

Scheffler, (Friedrich) Carl, 1750, s Johann (DR 14)

Scheffler, Georg, 1714, Salz, t9, h Catharina (E)

Scheffler, Johann I, 1715, Salz, t9, 42 m Anna Maria Ernst (EC CR 30 DR 9 14 15)

Scheffler, Johann II, 1737, Salz, t9, s Johann I, 77 m Anna Margaretha (E CR 30)

Scheffler, (Anna) Maria, 1705, wid Ernst, 42 m Johann I (DR 8 15)

Scheiber (Shiver), Johann, 60 Ranger (CSS)

Scheider, Philip, 79 spon (ERB)

Scheraus, Angelica, Swab fr Langenau, gr 59

Scheraus, Anna Maria I, née Mohr, 59 m Johann II, 69 d Salome, 70 s Israel, 72 s Johann, 74 d Anna Maria (ERB)

Scheraus, Anna Maria II, 1774, d Joh II (ERB)

Scheraus, Catharina, 1780, d Joh (ERB)

Scheraus, Dorothea, 1779, d Joh (ERB)

Scheraus, (Maria) Friederica, 79 mo of Salome (ERB)

Scheraus, (Johann) Georg, Swab fr Langenau, t13, gr 56 Goshen, 58, 59 St

Math, 64 wit, 66 ret Germany (CR 8 EC ACW 93 ERB PR ECGM Hacker 239)

Scheraus, Johann I, 1686, Salz, t9 h Maria Helena, gr 50, 55 Joseph's Town; 55 CB Black Creek, dd 67 (E CR 6 8 27 30 EC ECGC ERB ECGM DR 9 11 14 15 GD)

Scheraus, Johann II, 1706, Swab fr Bermaringen by Ulm, t9, 59 m Anna Maria Mohr, gr 57 Goshen, 62 Black Creek (E CR 8 EC)

Scheraus, Johann III, 1735, s Johnn II, Swab fr Bermaringen by Ulm, t13, gr 60, 70 m wid Magdalena Eppinger, 77 pres (E CR 8 GCS 26 ERB)

Scheraus, Johanna, 1775, d Joh (ERB)

Scheraus, Magdalena, gr 52 (CR 27 ERB)

Scheraus, (Maria) Magdalena, wid Eppinger, 70 m Johann III, 72 d Margaretha, 75 d Hanna, 77 d Magdalena, 79 d Dorothea, 80 d Catharina (ERB)

Scheraus, Maria Helena, née Gott, 1697, Swab fr Ulm, t13, w Johann I, dd by 59 (E CR 30)

Scheraus, Salome, 1779, d Joh Mart Dasher (ERB)

Scherer, Christian, 79 spon (ERB)

Scherer, Michael, dd 66 (ERB)

Scheuber, Justus Hartmann, 90 wit, 92 wit, 1801 will (ACWW 119 AWCC 50 AWCC 133). Date of arrival unknown.

Schick, Elisabetha, wid Welscher, w Friedrich, 1804 leg (ACWW 138)

Schick, Friedrich, h Elisabetha, 82 pres, 1804 will (AWCC 138 RR1:472 GD)

Schick (Sheek), Johann, gr 60, 65 wit, 66 wit, 75 pres, dd 97 (ACW 13 118 PR ECGC ECGM ECGP CR 8 10 *Ga. Gazette* 10/20/1797 GD)

Schick, Peter, bro Friedrich, 1804 leg (AWCC 138)

Schick, Thomas, formerly called Salomon Nessler, 1804 leg, date of arrival unknown (ACWW 138)

Schiedmann (Schidman), Elisabeth, 1775, d Martin (ERB)

Schidemann, Georg Heinrich, s Mart, 77 bapt (ERB)

Schiedmann, Martin Heinrich (ERB)

Schiedmann, ____, w Martin Heinrich, 73 s Georg, 75 d Elis (ERB)

Schieffer, Balthasar (GCS 25)

Schieffer (?) (Scheifer), Christoph, 41 Vernonburg (CR 6 GD)

Schiegel (Striegel?), Georg, 65 land ordered (CR 9)

Schiele (Schuele, Sheley), Anna, w Johann, 60 s Johann Georg, 73 spon (ERB AG IV 175)

Schiele, (Johann) Georg, 78 mil (GCS ERB) (Same as Schiegel??)

Schiele (Sheley), Johann, h Anna, gr 59 Bethany, 65 Bethany (CR 8 ECGM)

Schiele, ___, s Johann, dd by 83

(**Schiermeister**, Amalia, sv Boltzius, 52 pres, 54 m Johann Alther, 55 widowed [GD])

Schiermeister, Martin, leg (PR)

Schlechtermann, Anna Barbara, 1698, Pal, t8, w Johann, dd 39 (E EP PR DR6)

Schlechtermann, Eleanor (CBJ)

Schlechtermann, Georg Bartholomaeus, 1728, Pal, t8, s Johann (DR 6)

Schlechtermann, Georg Moritz, 1731, Pal, t8, s Johann (E EP DR 6)

Schlechtermann, Jeremias, t8, gr 58 Sav, 60 wit (EC CCB CBJ ECGC DR 6 PR GD)

Schlechtermann, Johann, 1688, Pal, t8, h Anna, dd 39 (E EP PR DR 6)

Schlechtermann, Josef Michael, 1720, Pal, t8, s Johann, dd 41 (E EP DR 6)

Schlechtermann, Juliana, 1727, Pal, t8, d Johann (E EP DR 6)

Schlechtermann, (Johann) Lorentz, 1730, Pal, t8, s Johann (E EP DR 6)

Schlechtermann, Margaretha, 1738, Pal, t8, d Johann (EP)

Schlechtermann, Margaretha Barbara I, 1719, Pal, t8, d Johann (E EP DR 6)

Schlechtermann, Matthias (PR)

Schlechtermann, (Johann) Peter, 1722, Pal, t8, s Johann, gr 59 Sav, 67 Christ Church (E EP EC ECGC CBJ ECGC CCB DR 6 CR 10 GD)

Schlechtermann (Sliterman), (Johann) Salomo, dd 67 (PR)

Schlechtermann, Wilhelm, dd 67 (Inv PR GD)

Schleicher, Christian (CB)

Schleich(er), Georg, ca 1713, Swab, t13, sv Ruprecht Eischberger, 63 m Maria Magdalena Maurer, 56 CB Ebenezer, dd 69 (CR 26 ERB)

(**Schleich**, Maria Magdalena, née Maurer, 63 m Georg, 64 s David, 70 m J G Heidt [ERB])

Schlumberger, Abraham, Swab fr Setzingen, t13, 50 sick with family in

Sav, dd 50 (CR 26 GD)

Schlumberger (Schlumperger), Christian, Swab fr Weidenstetten, 67 on way to Georgia, ar Philadelphia on Grampus (Hacker 240)

Schlumberger, Jacob, Swab fr Setzingen, t13, dd 50 (CR 26 Hacker 240 GD)

Schlumberger, Maria, née Groner, wid Jacob, t13, married widower at Vernonburg (CR 26 Hacker 240 GD)

Schmidt, Anna Juliana, 69 spon (ERB)

Schmidt, Barbara, 1738, d Hans, 41 pres (DR 6 8)

Schmidt, Catharina, née Zehetner, 1705, Austrian, t6, w Hans (E CR 20 DR 3-6 8)

(**Schmidt**, Christina Elisabetha, 67 m Johann Friedrich Ochs [ERB])

Schmidt, Elisabeth, 1779, d Jeremias Tonnewan (ERB)

Schmidt (Smith), Gotthilf, 78 mil, 93 pres (ERB GCS 87) Perhaps same as (Gotthilf) Israel.

Schmidt (Smithy), Gottlieb (PR)

Schmidt, Hanna Elisabetha, w Israel, 79 spon (ERB)

Schmidt, Hans (=Joh I), 1708, Austrian, t6, h Catharina, gr 57, 59, dd 67 (E CR 3 20 EC DR 6 13-15 ECGM GD)

Schmidt, (Gotthilf) Israel, h Hanna Elisabetha, 78 spon (ERB)

Schmidt, (Johann) Jacob, 1733, Austrian, t6, s Hans, dd 36 (E CR 6)

Schmidt, Jacob, s Hans, 74 pres (CR 20)

Schmidt, Johann I, see Hans

Schmidt (Smith), Johann II, s Hans, gr 74, m Hans Herb? (Inv ECGM)

Schmidt, Johann III, 1694, Pal, t8, dd 40 (E EP EC); possibly same as Johann Heinrich Schmidt, Christian Schmidt's son fr Freudenberg. See Yoder, *Rhineland Emigrants*, p. 50.

Schmidt, Johann IV, 1804 will, time of ar unknown, but US citizen before adoption of Constitution (ACWW 133). His will was 44 pages long and included long sermons to his relatives.

(**Schmidt**, wid [Anna] Juliana, 71 m Jacob Meyer [ERB])

Schmidt, Samuel, 1742, s Johann I, dd 60 (ERB AG IV 219)

Schneider (Taylor!), 1708, Abraham, t8 (E DR 6)

Schneider, Adam, 1719, Sw, t10 (CR 30)

Schneider, Andreas, 1699, Swab fr Freudenstadt, t15, 52 gr Black Creek, gr

59 Goshen, 7l survey (EC CR 7 27 ECGM GD)

Schneider, Anna I, 1701, Swab fr Freudenstadt, t15, w Andreas (Krebs, ?? 187 GD)

Schneider, Anna II, Swab fr Freudenstadt, t15, d Andreas

Schneider, Anna III, 1708, Pal, t8, lst w Michael, dd 39 (E EP DR 6 8)

Schneider, Anna Barbara, 1712, t10, sis Heinrich (CR 30 ERB)

Schneider, (Anna) Barbara, née Schneider, sis Maria Catharina, Pal, t12, sv P Zittrauer, 58 m Georg, 59 s Samuel, 6l d Rebecca, 62 s Johann, 64 s Christian, 65 d Hanna, 66 d Salome, 68 m Johann Heinle (CR 26 ERB)

Schneider, Barbara, fr Trimbach, conf 54 (DR 17)

Schneider, Caspar, 1702, Pal, t7, h Catharina I, gr 4l Vernonburg, 52 wit, 59 Vernonburg (E EP PR CR 6 EC ECGC CCB GD)

Schneider, Catharina I, 1705, Pal, t7, w Casp (E)

Schneider, Catharina II, w Johann (ERB)

Schneider, (Maria) Catharina, sis (Anna) Barbara, 1710, t12 (CR 30 PR ERB CB)

Schneider, Christian, 1764, s Joh Geo (ERB)

Schneider, Elisabetha I, 1711, Pal, t10, w Heinrich (CR 30)

Schneider, Elisabetha II, née Sanftleben, t8a, 40 m Michael, dd 60 (AG IV 132 DR 8)

Schneider, Elisabetha III, Pal, d Andreas (GD)

Schneider, (Hans) Georg, 1727, Pal, s Michael, t8, 58 m Anna Barbara, gr 57, 59 St Math, 60 pres (EC CCB DR 6 8 11 ECGM AG IV 132, 158)

Schneider, (Johann) Gottlieb, 1759, s Joh Geo (ERB)

Schneider (Snyder), Heinrich, 1711, t10, h Elisabetha, gr 69 St Math, dd 73 (PR CR 10 30 ECGC ECGM)

Schneider, Johann, 1732, s Michael (E PR GD)

Schneider, Jonathan, 1761, s Joh (ERB)

Schneider, Maria Barbara I, w HM, 68 m Johann Heinle (ERB)

Schneider, Maria Barbara II, 1759, d HM (ERB)

Schneider, (Hans) Michael, Pal, ca 1698, t8, 54 pres, h Maria, gr 57 Mill District, dd by 59 (EC CCB EP ERB AG 481 DR 5 6 7 9 ECGM GD)

Schneider, Nathaniel, 1764, s Joh (ERB)

Schneider, (Johann) Philip, gr 73 Christ Church, 80 Loyalist (PR ERB ECGC CGHS3: 302-303 GD)

Schneider, Rebecca, 1761, d Joh Geo (ERB)

Schneider, Samuel, 1759, s Joh (ERB)

Schober, Johann Michael, Moravian, ar 38, dep 39 (Fries GD)

Schoenbacher, wid, 1702, Pal, t8, Frederica (E EP GD)

Schoenbacher? (Schanbacker), Hans Georg, 1731, Pal, s wid, t8, Frederica (E EP GD)

Schoenbacher?, Hans Michael, 1730, Pal, t8, s wid, Frederica (E EP GD)

Schoenbacher, Magdalena, 1735, Pal, d wid, t8 Frederica (E EP GD)

Schoenholtz, Ulrich, gr 53 Acton, 54 sells lot Acton (CCB)

Schoppacher, Agatha, Salz, t2, d Ruprecht (E CR 6)

(**Schoppacher**, Gertraut, m Simon Steiner)

Schoppacher, Margaretha, Sal, d Ruprecht (E DR 1)

Schoppacher, Maria I, 1st w Ruprecht, 35 m Veit Landfelder (E DR 1 2 3)

Schoppacher, Maria II, Salz, d Rup (E DR 8)

Schoppacher, Ruprecht, 1686, Salz, t2, h Ursula, dd 35 (E CR 6 20 DR 2 3 6-8)

(**Schoppacher**, Ursula, née Wassermann, Salz, t8a, w Ruprecht, 39 m Veit Landfelder (E DR 2)

Schrempff, Barbara, née Brickl, 42 m Ruprecht, t9, dd 42 (EC)

Schrempff, Christina Elisabetha, d Johann Kronberger, ca 72 m Friedrich, 73 s Salomo, 77 s Wilhelm, 78 d Christina Elisabetha, m Jonathan Arnsdorff (ERB)

Schrempff, Elisabetha, 1731. (E calls her Shrimp)

Schrempff (Shrimp), (Joh) Friedrich, s Ruprecht, gr 59, 69 Bethany: 70 m Sarah Dixon, ca 72 m Christina Elisabetha, gr 69, 74, 68 wit, 77 pres (CR 10 28 I ACW 151 GCS 26 ERB PR ECGM PCG)

Schrempff, Ottilie, 56 m Hugh Kennedy (ERB)

Schrempff, Ruprecht I, 1722, Salz, t9, 41 m Barbara, 43 m Kieffer (?), gr 50 Bethany, dd 53 (E EC CR 27 30 Inv PR DR 9-13 15 GD)

Schrempff, Ruprecht II (Inv PR)

Schrempff, Salome, 1778, d Salomo (ERB)

Schrempff, Salomo, s Ruprecht, gr 68, dd 80 (PR ERB CR 10 ECGM)

Schrempff, Wilhelm, 1777, s Friedrich (ERB)

Schreyder, Adam, 1719, Sw, t10 (E)

Schreyder, Anna Barbara, 1712, Sw, t10, sis Heinrich (E)

Schreyder, Elisabetha, 1711, Sw, t10, w Heinrich, dd 41 (E)

Schreyder, Heinrich, 1711, t10 (E)

Schrind, ____, fr Pa (ERB)

Schrind, ____, w of above, 74 d Hanna Elisabetha (ERB)

Schrind, Hanna, 1774, d of above

Schroeder (Schroter), Anna, Swab fr Langenau by Ulm, t14 (Hacker 242 GD)

Schroeder, Samuel, millwright fr Danzig, 50 dep for Pa (DR 10)

Schroeder (Schruder), Elisabetha (PR)

Schroeder (Schroter, Schruder), Thomas, gr 71 (PR)

Schubdrein, Agnesia, née Ott, 73 m Josef, 79 spon (ERB)

Schubdrein, Anna Maria, née Zuericher, 58 m Nikolaus, 59 ss Johann Gottlieb & Samuel, 62 s Samuel, 64 d Judith, 66 d Salome, 68 s Israel, 69 d Christina, dd 72 (ERB)

Schubdrein, Catharina, 1773, d Nik (ERB)

Schubdrein, Christian, 1767, s Dan (ERB)

(**Schubdrein**, Christina, 1757, d Daniel, 73 m J Remshardt [ERB])

Schubdrein, Daniel I, 1682, Pal from Weyer in Nassau-Saarbruecken (now Alsace), h Margaretha I, t15, dd 1752 (GD)

Schubdrein, Daniel II, 1723, Pal, t12, Pal fr Nassau-Saarbruecken, s Daniel I, h Magdalena, sv Zouberbuhler, 55 CB Ebenezer, gr 55 St Math, 57 Bethany, 59 Ebenezer, dd 68 (CR 7 8 26 EC CB ERB ECGM)

Schubdrein, David, 1763, s Jos (ERB)

Schubdrein, (Johann) Gottlieb, 1759, s Nik (ERB)

Schubdein, Hanna, 1779, d Nik (ERB)

(**Schubdrein**, Hanna Margaretha, 73 m Israel Rieser [ERB])

Schubdrein, Jacob, 1765 s Jos (ERB)

(**Schubdrein**, Johanna Margaretha, 74 m Friedrich Lackner [ERB])

Schubdrein, Josef I, 1721, Pal fr Weyer in Nassau-Saarbruecken, s Daniel I, t12, h ____ Gschwandl, 52 m Maria Brandner, sv Zouberbuhler, gr 55 St Math, 57 Bethany, 59, 61, 62, 68 St Math, 71, 73 m Agnesia Ott, gr 78, 79 wit, dd 80 (CR 8 26 EC PR DR 13 14 ECGM AWCC 124 Muhl ERB GD)

Schubdrein, Joseph II, s Jos I, h Maria, gr 84 (ECGM ERB)

Schubdrein, Judith, 1764, d Nik (ERB)

Schubdrein, (Anna) Magdalena, w Daniel II, 57 d Christina, 60 d Hanna Elisabetha, 62 s Christian, 65 d Maria Magdalena (ERB)

Schubdrein, (Anna) Margaretha I, Pal, 1685, w Daniel I, dd 64 (ERB DR 15)

Schubdrein, Margaretha II, née Haeussler, 72 m Nikolaus, 73 d Catharina, 75 d Catharina, 79 d Hanna (ERB)

Schubdrein, Maria I, née Brandner, w Josef, 56 d Maria, 57 s Josef, 60 d Maria, 63 s David, 65 s Josef, 70 s Matthias, dd 73 (ERB)

(**Schubdrein**, (Anna) Maria II, d Josef, 57 m Johann Christoph Gugel [ERB])

Schubdrein, Maria Magdalena, w Dan, 57 d Christina (ERB)

Schubdrein, Matthias, s Jos I (ERB)

Schubdrein, (Johann) Nikolaus, 1732, s Daniel I, 58 m Anna Maria Zuericher, gr 55 Bethany, 57 Bethany, 61, 62, 72 m Margaretha Haeussler, 83 pres (EC PR ERB ECGM AG IV 252 GD)

Schubdrein, (Johann) Peter, 1726, Pal fr Nassau-Saarbruecken, t12, s Daniel I, 50 dep for Germany, 51 returns t14, dd 75 (CR1:565 CR 26 31 EC ERB AG 212 DR 14 15 GD)

Schubdrein, Rosina, 52 pres, 56 m Joh Geo Mueller (ERB)

Schubdrein, Salomo, s Peter, dd 50 (ERB)

Schubdrein, Samuel, 1759, s Nik (ERB)

Schubdrein, ____, sis Josef, 53 drowns

Schuele, see Schiele

Schulius, Georg, Moravian, ar 38, dd 39 (Fries DR 5 6 8)

Schultz, Johann, 56 Ranger (CSS)

Schultz, Marcus, 59 wit (CBJ)

Schumacher, Angelica, Swab fr Altheim (Hacker 242)

Schumacher, Caspar, Sw fr Grisons, h Christina, t4b, 49 ret London after serving Causton (E CR 2 5 GD)

Schumacher, Christina, Sw, w Caspar, t4b (E CR 2 GD)

Schumann, Martin I, h Tobita, 73 spon (ERB)

Schumann, Martin II, 1770, s Mart I (ERB)

Schumann? (Shewman), Mary, 75 m John Little (ERB)

Schumann, Tobita, w Martin, 73 spon (ERB)

Schutz, Georg (CBJ)

Schutz, Hans, Sw, vintner (GD)

Schwab, Johann Michael, Moravian, ar 37 (E)

(Schwab, Sibilla, Salz fr St Johannis, t2, 34 m Resch [CR 6 DR 2 6])

Schwandel, see Gschwandl

Schwann, Jacob (MSG)

Schwartz (?) (Swarts), Nikolaus (PR)

Schwartzwaelder, Anna Margaretha, 69 spon (ERB)

Schwartzwaelder, Anna Maria, 1695, Pal, t7, w Johann, dd 42 (E EP ERB DR 6 9)

(Schwartzwaelder, (Maria) Elisabetha, d Johann, 54 conf, 58 m Georg Gruber [ERB DR 6 AG IV 169])

Schwartzwaelder, Hans Michael, 1735, Pal, t7, s Johann (E EP ERB DR 6 ERB)

Schwartzwaelder, Johann, 1693, Pal, t7, sv at Trustees' mill, h Anna Maria, 43 moves fr Old to New Ebenezer, dd by 54 (E EP CR 6 DR 6 8 10 GD)

Schwartzwaelder, Margaretha, 1726, Pal, t7, d Johann (E ERB EP DR 6)

Schwartzwaelder, Mariana (Mariket), 1732, t7, d Johann (E EP DR 6)

Schweiger, Anna, née Hofer, 1709, Salz, 1st w Georg, dd 35 (CR 20 DR 2 6)

Schweiger, Elisabetha, 1769, d Thom (ERB)

Schweiger, Eva Regina, née Unselt fr Purysburg, 1714, 35 m Georg, 41 s, 58 s Friedrich Gottlieb, dd 60 (DR 2-6 8 9 15 ERB AG IV 286 GD)

Schweiger, Georg I, Salz fr Premstall, Gastein, 1714, tl, 34 m Anna Hofer, 35 m Eva Regina Unselt, 61 m (Anna) Margaretha Zittrauer, 55 CB Ebenezer, gr 57 Mill District, 58, 67, 70 pres, 70 wit, 72 will (E CR 6 22 I EC CBJ ECGM DR 1-6 8 9 12 ACW 124 ERB PR RR1:215 GD)

Schweiger, Georg II (ERB)

Schweiger, Gratiosa, 77 spon (ERB ERB PR)

Schweiger, (Anna) Margaretha, wid Zittrauer, 61 m Georg I, 72 spon, 72 leg, 77 spon (ACW 124 ERB PR)

Schweiger, Michael (Inv GD)

Schweighoffer, Abiel, s Thomas I, h Salome, 72 leg (ACW 122 ERB PR)

Schweighoffer, Benaja, s Thomas (ERB)

Schweighoffer, Elisa, 1764, s Thomas (ERB)

Schweighoffer, Elisabetha, 1769, d Thomas I, 72 leg (ACW 122 ERB PR)

Schweighoffer, Hanna, née Flerl, 1740, 58 m Thomas, 58 s Abiel, 60 s Benajah, 61 s Thomas, 62 d Salome, 64 s Elisha, 66 s Obadjah, 69 d Elisabetha, dd 69 (ERB)

Schweighoffer, Margaretha, Salz, c 1692, t1, née Pindlinger, w Paul, 49 mes (E DR 1-10 13-15)

(**Schweighoffer**, Maria, 1726, Salz, t1, d Paul, 39 conf, w 41 m Christian Riedelsperger II [E CR 6 DR 5-8])

Schweighoffer, Obadja, s Thomas I, 72 leg (ACW 122 ERB PR)

Schweighoffer, Paul, Salz fr Mietosil, 1692, t1, h Margaretha, dd 36 (E DR 1-3 6)

Schweighoffer, Salome, w Abiel, 88 leg (ACW 42 ERB)

Schweighoffer, Thomas I, 1728, Salz, t1, s Paul, 55 CB Ebenezer, 58 m Hanna Flerl, gr 58 Mill District, 59, 60 St Math, 67, dd 72, 72 will (E CB CR 7 8 10 DR 5 8 EC ACW 122 ERB PR ECGM)

Schweighoffer, Thomas II, 1761, s Thomas I, 72 leg (ACW 122 DR 6)

Schweighoffer, Ursula, 1723, Salz, t1, d Paul, 54 m Martin Paulitsch (E ERB DR 5 6 15 GD)

Schweikert, Christian, 1711, t1, sv Baron von Reck, dd 35 (E CR 6 DR 1-3 GD)

Schweindt (Swind), Johann I, gr 73 St Pauls (CB)

Schweindt (Swind), Johann II, gr 75 St Pauls (CB)

Schweitzer, (Johann) Caspar (PR)

Schweitzer, (Michael) Caspar, born in province, 68 gr St Math (CR 10)

Schweitzer, Catharina (PR)

Schweitzer, Christian (PR)

Schweitzer, Christina (PR)

(**Schweitzer**, Maria, d (Michael) Caspar, m David Kieffer II)

Schweitzer, Michael, 35 sv Jas Haselfoot at Ft Argyle, gr 51, 57 Sav, 59, 62 Sav (CR 7 27 29 EC PR ECGC CBJ ECGM GD)

Seckinger, Agnesia I, wid Ziegler, 56 m Andreas I, 79 spon, 76 will (ACW 123 ERB PR AG IV 186)

Seckinger, Agnesia II, d Agnesia I, 76 leg (ACW 123)

Seckinger, Andreas I, 1722, Pal, t12, bro Matthias, h Catharina I, sv Boltzius, 56 m wid Agnesia Ziegler, gr 52 Black Creek, 72 will (ACW 123 CR 26 27 EC ERB PR GD)

Seckinger, Andreas II, t12, h Catharina II, 72, 79 spon, 72 leg, 76 wit, 77 pres (ACW 50 123 GCS 26 ECGM PCG)

(**Seckinger**, Anna, Pal, 1747, d Matthias, 69 m J P Mueller II, 77 m Johann Maurer [CR 26 ERB])

Seckinger, Anna Barbara, née Huber, 67 m Johann Georg 60 d Lucia (CR 26)

Seckinger, (Anna) Catharina I, née Gunter, Pal, t12, w Matthias, 58 s Jonathan, 72 leg (ACW 95 CR 26 ERB PR ERB PR)

Seckinger, Catharina II, née Mohr, w Andreas II, 78 d Christina (CR 26 ERB PR)

Seckingeer, Christina, 1778, d Andr (ERB)

Seckinger, Hanna Elisabetha, dd 78 (ERB)

Seckinger, Johann Georg, 1744, s Matthias, 67 m Anna Barbara Huber (ERB)

Seckinger, Jonathan, s Matthias, 1758, 78 military, 93 pres (GCS ERB)

Seckinger, Lucia I, 1727, Pal, t12, sis Andreas I and Matthias, sv Boltzius (CR 26 ERB)

Seckinger, Lucia II, 1760, d Matthias (ERB)

Seckinger, Matthias, 1717, Pal, t12, bro Andreas I, h (Anna) Catharina I, sv Boltzius, 49 m Catharina Gunter, gr 59 Black Creek, dd 61 (CR 26 27 EC ERB ECGM)

Seckinger, Samuel, dd 78 (PR)

Seelmann (Soelmann), Johann Christian, 1715, surgeon, ar 49, dept 49 (CR 26 DR 13 14 GD)

Seidbold, see Seybold

Seiffert, Anton, Moravian, ar 36, dep 40 for Europe (E Fries CR 29)

Seigler, see Ziegler

Settler, see Zettler

Seuter (?) (Suitor), Elisabetha, Pal, w Samuel, Frederica, 45 witness (CR 25 GD)

Seuter (?) (Suitor), Samuel, Pal, h Elisabetha, Frederica, 45 witness (CR 25)

Seuter (?) (Suter), Thomas, 59 Ranger (CSS)

Seuti, Hans, Sw, t4a (CR 20 GD)

Seybold, Georg, gr 52 (CR 27 Inv PR GD)

Seybold, Matthias, Moravian, ar 36, dep 38 (E Fries)

Seyfert, see Seiffert

Shad, see Schad

Shanbacker, see Schoenbacher

Sheek, see Schick

Sheftall, Benjamin I, 1692, German Jew fr Frankfurt/Oder, ar 33, h Perla, 33 lot Sav, 38 m Hanna, dd 65 (E EC CCB DR 6 PR MS)

Sheftall, Benjamin II, gr 60, 74 St Math (CBJ ECGA ECGC ECGM GD)

Sheftall, Frances, née Hart, 1740 in Holland, 61 m Mordecai (MS)

(**Sheftall**, Hanna, 1699, née Solomons, German Jew, ar 38, 38 m Benjamin I, dd 72 [MS PR CCB GD])

Sheftall, Levi, 1738, German Jew, s Benjamin and Perla, gr 59, 61, 63 St Andrew, 69 St Paul, 72 CB, dd 1809 (E PR CCB CBJ ECGA ECGC ECGP MS GD)

Sheftall, Mordecai 1735, German Jew, ar 33, s Benjamin and Perla, h Frances, gr 63 St Andrew, 69 St Paul, dd 97 (E EC PR CCB CBJ ECGA ECGC ECGM ECGP MS GD)

Sheftall, Perla, ar 34, leg, dd 38 (MS PR GD)

Sheftall, Sara, gr 74 St Math (ECGM)

Sheftall, Sheftall, 1734, German Jew, s Benjamin (E PR MS GD)

Sheftall, Solomon, 1741, German Jew, s Benjamin I (MS)

Sheiner, see Steiner

Sheinhulst (Schoenholtz ?), gr Acton (EC)

Sheley, see Schiele

Shick, see Schick

Shiefer, see Schiefer

Shremp, Schrimp, see Schrempff

Sigerist, Anna, 1703, Sw, t10, w Hans Martin I (E CR 30)

Sigerist, (Hans) Jacob, 1736, Sw, t10, s Hans Martin, dd 41 (E CR 30)

Sigerist, Hans Kunrath, 1737, Sw, t10, s Hans Martin I, dd 41 (E CR 30)

Sigerist, Hans Martin I, 1706, Sw, t10, h Anna (E CR 30)

Sigerist, Hans Martin II, 1734, Sw, s Hans Martin I (E CR 30)

Sigerist, Johann, 1729, Sw, t10, s Hans Martin I (E CR 30); Johannes, 1738, fr Raffz in Ctn Zurich, dep 38 ??)

Sigfrett, see Sigfritz

Sigfritz (Sigfret), Abraham, gr 63 Abercorn (CR 7)

Sigfritz, Anna Barbara, gr 63 Abercorn (CR 7 PR ECGM)

Sigfritz, Georg, gr 55, 60 Whitmarsh Island, 75 will (CR 7 ACW 124 AWCC 135 ECGC ECGI PR GD)

Slaterman, see Schlechtermann

Slesing, (Johann) Leonhard, Swab fr Hengstadt in Wurttemberg, 52 pres (AG intro)

Slitterman, Slyterman, see Schlechtermann

Smith, see Schmidt

Snider, Sniden, Snyder, see Schneider

Soeldner, Anna, Swab, t13, dd 50

Soeldner, Barbara, née Oechsele, Swab, t13, 50 m Martin

Soeldner, Martin, Swab, t13, gr by 57 Bethany, 50 m Barbara Oechsele (EC CR 26 ECGM)

Soldier, see Soeldner

Solomon, Coleman, German Jew, ar 36 (MS)

(**Solomon**, Hanna, d Coleman, 38 m Benjamin Sheftall I [MS])

Spange, Georg ?, 66 Ranger (CSS)

Spangenberg, August Gottlieb, Moravian, ar 35, dep 36, 62 gr Sav (E Fries CR 2 29 ECGC DR 3 4 8)

Spangenberg, Mrs, Moravian, w Augustin Gottlieb, ar 35, dep 36 (E CR 21)

Spielbiegler, Johann, Salz, t6, dep 40 (E CR 20 24 DR 3 5-8 GD)

Spielbiegler, Rosina, 1685, Salz, t6, mo Johann, dep 40, dd 40 (E CR 20 DR 3-8 GD)

Spring ?, Anna, w Bart (ERB)

Spring?, Bartholomew (Bartholomaeus?) (ERB)

Spring?, Margaretha, 1768, d Bart (ERB)

Stab, Johann, 55 CB Goshen, gr 59 Bear Creek, 66 (CB)

Staehli, Anna Maria, 64 m Sebastian Fetzer (ERB)

Staeheli (Stehlen, Staley), (Benjamin) Friedrich, 1734, Pal, tll, s Johann, 54 conf, 59 gr, 59 Ranger (CR 30 31 EC CSS ECGM)

Staeheli (Stehli), Catharina (PR)

Staeheli, Gottlieb, 1729, Pal, tll, s Johann, gr 52 Ebenezer, 53 buys lot, 57 Goshen, 59 Bear Creek, 66 (CR 8 27 31 EC ECGC CCB Inv ERB ECGM GD)

Staeheli, Jacob Rudolf, Pal, fr Isingen, 59 conf, 1746, Goshen, dd 69 (ERB). The Staehelis were probably originally Swiss. See Yoder,*Rhineland Emigrants*, 140.

Staeheli, Johann I, Pal, fr Wuerttemberg, tll, h Maria, 55 CB Goshen, gr 57 Goshen, 59 60 (CR 7 31 CB EC ERB PR ECGM GD)

Staeheli, Johann II, s Johann I, fr Wuerttemberg, tll, gr 57 Goshen (CR 31 EC ECGM)

Staeheli, Magdalena, d Johann, tll (CR 30 31)

Staeheli, Maria, w Johann I (CR 30 31)

Staeheli, Philip Jacob, 1733, Pal, tll, s Johann (CR 31)

Staeheli, Sara, 1774, d Johann (ERB)

Staeheli, Sibilla, 69 spon inventory (PR ERB)

Stagerisz, Ulrich, Sw, t4a (CR 20 unpublished GD)

Staley, Staily, see Staeheli

Stamen?, Louis, Sw, Hampstead (ACW lll)

Starkey, Caspar, gr 62 St Andrews (CR 8 ECGA GD)

Staud (Stout), Hieronymus, 1678, Pal, t7, h Susanna Margaretha, dd 37 (E EP)

Staud, Johann, 1715, Pal fr Kirckel in Zweibruecken, t7, s Hieronymus (E EP GD)

(**Staud**, [Maria] Margaretha, 1718, Pal, t7, d Hieronymus, 40 m Gabriel Bach, 4l m Christian Leinberger, 75 pres [E EP DR 7 Muhl GD])

(**Staud**, Maria, 55 m Bart Mack [ERB])

Staud, Susanna Maria, 1687, Pal, t7, w Hieronymus (E)

Stedeler, David, s Peter, Halifax, 76 leg (PR)

Stedeler, Johann, s Peter, Halifax 76 leg (PR)

Stedeler, Peter, Halifax, 71 will (PR ACW)

Steermann, Catharina, d Heinrich, 69 leg (ACW 132 Inv PR)

Steermann, Heinrich, Sav tailor, 69 will (ACW 132 PR GD)

Stein, see am Stein

Stein, Justus Grayson, 73 ensign militia (CSS)

Steinbacher, Barbara, 1719, Salz fr Radstadt, t9 (E CR 30 DR 9)

Steiner, Agatha, d Ruprecht (DR2)

Steiner, Anna Margaretha, née Zimmerebner, w David, 64 d Maria Magdalena, 66 s David, 74 d Catharina, 77 d Elisabetha (ERB)

Steiner, Catharina, 1774, d David (ERB)

Steiner, Christian I, 1707, Salz fr Gastein, t1, 56 CB Ebenezer, dd 35 (E EC PR CR 6 DR 6 GD)

Steiner, Christian II, 1738, s Ruprecht, 60 m Dorothea Farr, 56 CB Ebenezer, gr 57, 69 Mill District; 76 3rd Lt, 70 wit, 72 wit (CR 7 10 EC DR 6 ACW 68 ACW 124 ERB PR ECGM GD)

Steiner, David, s Christian I, 4l pres, 63 m Margaretha Zimmerebner, 57 CB Ebebenezer, gr 60, 65, 68 Mill District; 74 pres, dd 80, 70 wit, 72 wit (CR 10 ACW 68 ACW 122 ERB PR ECGM)

Steiner, Dorothea, née Farr, 60 m Christian II, 62 d Hanna, 64 d Maria, 79 s Samuel (ERB)

Steiner, Elisabetha, 1777, d David (ERB)

(**Steiner**, Gertraut, Salz, t2, née Schoppacher, wid Simon, w Peter Reiter [E DR 3 5 6])

Steiner, Hanna, 1762, d Chris (ERB)

Steiner, Johann, 59 conf, 61 CB Ebenezer, 74 pres (DR 17)

Steiner, Lydia, 1769, d David (ERB)

(**Steiner**, Magdalena, wid Simon, 4l m Peter Reiter)

Steiner, (Anna) Margaretha, née Zimmerebner, 63 m David, 64 d Maria Magdalena, 69 d Sylvia (ERB)

Steiner, Maria, née Winter, Salz, t2, lst w Ruprecht, 37 s, dd 49 (E DR 2-4 6-10 12 13)

Steiner, Maria Magdalena, 1764, d David (ERB)

Steiner, Ruprecht, Salz fr Radstatt, 1707, t2, h Maria, 52 m Ursula, dd 52 (E EC CR 6 DR 6 13-15 AG 106 GD)

Steiner, Salome, 1770, d David (ERB)

Steiner, Sara, d Simon, 4l pres (ERB)

Steiner, Simon, Salz fr Werffen, 1698, t2, h Gertraut, m Magdalena, dd 40

(E EC DR 6 GD)

Steiner, Ursula, née Ecker, 52 m Ruprecht

Steinhoeffer, Heinrich (Henry Stinehaaver), 52 Vernonburgh (CCB)

Steinhuebel (Steinheavel), Anna Dorothea 1730, Pal, t7, d Christian (E EP PR)

Steinhuebel, Anna Elisabetha, 1733, Pal, t7, d Christian (E EP PR)

Steinhuebel, Anna Marbel, 1725, Pal, t7, d Christian (E EP)

Steinhuebel, Apollonia, 1692, Pal, t7, w Christian, dd 39 (E EP)

Steinhuebel, Christian, 1692, Pal, t7, h Apollonia (E EP CR 1 6 30 PR)

Steinhuebel, (Johann) Heinrich, 1719, Pal, s Christian (E EP CCB GD)

Stelli, Hans Georg, 1719, Sw, t10 (E CR 30)

Stenhouse, see Schoenholtz

Stiedler, David, 1768, s Peter (ERB)

Stiedler, Peter (ERB)

Stiedler, _____, w Peter, 68 s David (ERB)

Stieghley, see Staeheli

Stierlin, Anna Maria, 1766, d Greg (ERB)

Stierlin (Stierle), Gregorius, 1722, Sw fr Birmensdorff by Zurich, 59 m Maria Rosina Hammer (ERB Pfister 97 GD)

Stierlin, Maria Rosina, née Hammer, 59 m Gregorius, 55 d Anna Maria (ERB)

Stiner, see Steiner

Stocher, ___, w Thomas, 43 pres

Stokes, Anthony, Sw fr Wallis, chief judge (Muhl 685)

Stoll, Anna Magdalena, 1713, Sw, t10, w Ezekiel (E CR 30)

Stoll, Ezekiel, 1711, Sw, t10, h Anna Magdalena, gr 41 Hampstead, gr 43 Vernonburg (E CR 5 27 30 GD)

Stoll, Jacob, 1741, t10, s Ezekiel, dd 41 (E CR 30)

Stout, see Staud

Strabel, Josef, militia (GCS 25)

Strabel, Maria, née Mueller, sis-in-law of Palser Miller (PR ACW 95)

Straube, Adam, 1701, Pal, t8, 48 ar at Ebenezer fr Vernonburg with six children, h Pieta, 55 CB Ebenezer, Mill District, dd 57 (E EC DR 6 12 14 15

ERB)

(**Straube**, Christina Barbara, see Gerber)

Straube, Pieta Clara, wid Haefner, w Adam, gr 49 pres, 57 Mill District, dd 62 (CR 7 ERB ECGM DR 12-14 15)

Strauber (Strowber), Nikolaus, 66 gr St Phil (CR 9 ECGP)

Straubler, Jacob (EC)

Strawhager, see Strohacker

Stregel, Streigel, see Striegel

Streigel, Georg, blacksmith at Halifax (CR 38: 2, 623)

Streiker? (Striker), Georg, 52 lot at Hampstead (CCB)

Streit? (Stride), Johann, gr 57 Beth (ECGM 111)

Stricker, ____, German in Savannah (DR 10)

Stricker, ____, woman in Savannah (DR 10)

Stricklin, Heinrich (CR 10)

Stricklin, Jacob (CR 10)

Striegel, Barbara, d Georg I, 68 leg (ACW 134 PR)

Striegel, Catharina, w Georg I, 68 leg (ACW 134 PR)

Striegel, Georg I, h Catharina, gr 52 67 St George, 68 Halifax, 67 will (CR 9 10 ACW 134 CR 27 PR)

Striegel, Georg II, s Georg I, 75 wit (ACW 12 PR)

Striegel, Nikolaus, s Georg I, 75 leg, 68 leg (ACW 12 ACW 134 PR)

Stroebel, Johann Christoph, 79 spon (ERB)

Strohacker (Strohager), Elisabetha, Swab, t15, 70 spon (ERB)

Strohacker, Martin (CR 38 GD)

Strohacker, Rudolf, 63 Ranger, gr 68, 71; 68 CB St Math, 70 wit, 72 will, gr 73, dd 94 (CR 10 ACW 134 CSS ECGM GCS 25 PR *Ga. Gazette* 11/20/1794 GD)

Strohbart, Abraham, 1777, s Nikolaus (ERB)

Strohbart, Anna I, Sw, Ebenezer, d Michael fr Purysburg, w Johann, 77 d Anna, 70 leg (ACW 134 ERB)

Strohbart, Anna II, 1777, d Johann (ERB)

Strohbart, Catharina, d Georg, 71 leg (PR ACW 134)

Strohbart, Eva Maria, née Mengersdorff, 65 m Johann Nikolaus (ERB)

Strohbart, Georg (Nikolaus), Sw fr Purysburg, bro Jacob, 53 buys lot Vernonburg, gr 71 Goshen, 71 will, dd by 73 (PR CR 11 ACW 134 ECGC CCB ECGM GD)

Strohbart, Heinrich, 1765, s Jac (ERB)

Strohbart, Jacob, fr Purysburg, bro Georg (Nikolaus), h Maria Catharina, 77 m Judith Jourdaine, 77 spon (ERB)

Strohbart, Jenny, w Georg, 71 leg (ACW 134)

Strohbart, Johann, h Anna I (ERB)

Strohbart, Johann (Nikolaus), Sw fr Purysburg, s Jacob, h Maria Anna, 65 m Eva Maria Mengersdorff, 71 leg (ACW 134 ERB)

Strohbart, Judith, née Jourdaine, w Jacob, 77 spon (ERB)

Strohbart, Maria I, sis Georg, m McKenzie, 71 leg (ACW 134)

Strohbart, Maria II, d Georg, 71 leg (ACW 134 PR)

Strohbart, Maria Anna, w Johann Nikolaus (ERB)

Strohbart, Maria Catharina, w Jacob, 65 d Margaretha (AoG p 96 says 65 s Henry) (ERB)

Strohbart, Nikolaus (PR GD). Same as Johann Nikolaus?

Strohbart, Susanna (Margaretha), d Georg, 69 m John Jones, 71 leg (ACW 134 ERB PR)

Stroubler, see Strubler

Stroup, see Straube

Strubel, Caspar (PR)

(**Strubler**, Anna Catherina, 55 m Jacob Frick [ERB])

Strubler, Elisabetha, 1715, Sw, t10, w Hans Jacob, dd 41 (E CR 30)

Strubler, Hans Jacob, 1719, Sw, t10, h Elisabetha (E CR 30 EC)

Stuber? (Stoover), Josef, 60 Ranger (CSS)

Stuckhart, Georg, 65 spon (ERB)

Stuckhart, Margaretha, 65 spon (ERB)

Stumli, Hans, Sw, t4a (CR 20 unpublished GD)

Sturki, Caspar, 60 wit, 60 cures Spaniard (CR 18 CCB)

Sturzenegger, Johann, wit (PR)

Stutz, Anna, Sw, d Michael, 75 leg (ACW 134 PR)

Stutz, Barbara, 1701, Sw, t10, w Hans, dd 41 (E CR 6 30)

Stutz, (Hans) Caspar, 1735, Sw, t10, s Hans, dd 4l (CR 30); see FB I 91

Stutz, Hans, 1701, Sw, t10, h Barbara, gr 4l Vernonburg (E CR 5 27 30 GD)

Stutz, (Hans) Heinrich, 1735, Sw, t10 s Hans, dd 4l (E CR 30)

Stutz, (Hans) Jacob, 1738, Sw, t10, s Hans, dd 4l (E CR 30)

Stutz, Jane I, w Michael, 75 leg (ACW 134)

Stutz, Jane II, d Michael, 75 leg (ACW 134)

Stutz, Michael 1732, Sw, t10, s Hans, h Jane I, gr 57 Ogeechee, 70 will (ACW 134 E CR 10 30 ECGC PR)

Stutz, (Hans) Ulrich, 1740, Sw, t10, s Hans, dd 4l (E CR 30)

Subdrine, see Schubdrein

Suitor, Sutor, see Seuter

Suprine, see Schubdrein

Swartsfelder, see Schwarzwaelder

Swiger, see Schweiger

Swieghoffer, see Schweighoffer

Swisser, Switzer, see Schweitzer

Taescher, see Dasher

Taissoux, Daniel, German, t4c (E GD)

Tannenberger, David, Moravian, ar 36, dep 37 (E Fries DR 5 GD)

Tannenberger, Johann, s David, Moravian, ar 36, dep 37 (E Fries)

Tapp, see Depp

Taylor (Schneider), Abraham, Pal, 1722 (EP DR 6)

T'bear, see Tubear

Terkler, Tertler, see Torkler

Tester (Thester, Testor), Peter, Sw, Hampstead, 37 wit (ACW 111 CGHS 18:155-159)

Tettler, see Zettler

Theiss, Dorothea, 61 w Jacob (ERB)

Theiss (Dice), Jacob, 1709, Pal, t7, sv Trustees' mill, h Maria Margaretha, gr 52, 86 wit, 61 m Dorothea, 80 Loyalist (E EP ECGC CR 6 8 24 27 EC CGHS 3:302-303 ACWW 103 PR ERB GD)

Theiss (Theus), Maria Margaretha, 1711, Pal, t7, w Jacob, sv Trustees' mill (E EP)

Theiss, Nikolaus, 63 Ranger (CSS CR 10)

Theiss, Peter, 75 wit, 86 wit (AWCC 78 AWCC 103 PR)

Thilo, (Christian) Ernst, 1708, Lauchstedt, t6, gr 60 Ebenezer, 39 m Friederica Helfenstein, dd 65 (E CR 7 30 EC DR 3-14 15 ECGM)

Thilo, Friederica, née Helfenstein, 39 m Ernst, dd 57 (DR 8 9 11 14 15)

(Thilo, Hanna Elisabetha, d Ernst, 73 m J J Heinle [ERB])

Tobler, David, s Joh Tobler of New Windsor, gr 59 St Paul (ECGP)

Tobler, Ulrich, s of Johann Tobler of New Windsor, 88 wit (ACWW 60)

Toeltschig, Johann, Moravian, h Judith, ar 35, dep 38 (E Fries CR 29 GD)

Toeltschig, Judith, Moravian, w Johann, ar 36, dep 40 (Fries CR 29)

Tonnewan, Elisabetha Schmidt, 1773, d Jeremias (ERB)

Tonnewan, Jeremias, h Sara, 79 spon (ERB)

Tonnewan, Sara, w Jeremias, 79 spon (ERB)

Toosing, see Tussing

Torig, Georg, gr 59 Vernonburg (ECGC GD). Possible error for Torkler?

Torkler, Anna, 1741, Pal, t10, d Johann (E CR 30)

Torkler, Catharina, 1708, t10, w Johann (E CR 30)

Torkler, Johann, 1714, t10, h Catharina, gr 42 Vernonburg, 52 sells lot Vernonburg (E CR 2 5 27 30 CCBC GD)

Torkler, Nikolaus

Torth, Isaac I (ERB)

Torth, Isaac II, 1773, s Isaac I (ERB)

Torth, Maria I, w Isaac, 73 s Isaac & d Maria (ERB)

Torth, Maria II, 1773, d Isaac I (ERB)

Tradling, see Treutlen

Tresler, Treasler, see Dressler

Tretler, see Zettler

Treutlen, (Johann) Adam, 1733, Pal, t11, fr Vernonburg, 47 conf, m Margaretha Dupuis, 78 m wid Anna Unselt, 55 CB Ebenezer, gr 60, 64, 67 Bethany, 69, 70, 7; 77 elected governor, dd 81 (CR 30 31 EC ERB PR ECGM DR 14 15 MSG GD)

Treutlen, (Johann) Adam II, 1770, s (Johann) Adam I, 93 m Anna Miller (ERB)

Treutlen, Anna I, wid Unselt, 78 m Adam I (ERB)

Treutlen, Anna II, d Friedrich, m Peter Provost, 98 leg (ACWW 146)

Treutlen, Catharina, d Friedrich, 98 leg (ACWW 146)

Treutlen, Christian, s (Joh) Adam I, dd ca 1820 (GD)

Treutlen, Dorothea, 1762, d (Johann) Adam I

Treutlen, Elisabetha I, 1760, d (Johann) Adam I, 78 m Wm Kennedy (ERB)

Treutlen, Elisabetha II, 1758, d Friedrich (ERB)

Treutlen, Friedrich, Pal, tll, bro Adam, h Margaretha, 55 buys lot Goshen, gr 57 Goshen, 58 (CR 7 31 EC CCB PR ERB ECGM DR 15 GD)

Treutlen, Hanna, 1766, d (Johann) Adam I (ERB)

Treutlen, Margaretha I, 1728, Sw, d Salomo Schad, w Friedrich, 58 d Elisabetha, 98 leg, dd 1807 (ACWW 146 ERB)

Treutlen, Margaretha II, née Dupuis, w (Johann) Adam I, 57 d Christina Elisabetha, 58 s Jonathan, 60 d Elisabetha, 62 d Dorothea, 64 d Maria, 66 d Hanna, 70 s Johann Adam, dd 77 (ERB AGG IV 258)

Treutlen (Frideling), Maria Clara, Pal, t11, mo (Johann) Adam I & Friedrich (CR 30 31 ERB GD)

Treutlen, Rachel, d (Johann) Adam, 74 pres (Muhl GD)

Triebner, Christoph Friedrich I, 1740, fr Poesneck in Thuringia, ar 69; 69 m Friederica Maria Gronau, 80 Loyalist, 82 dep (PR CGHS 3:303 CR ll ERB)

Triebener, Christoph Friedrich II, 1775, ret Ga, wit will of Hermann Herson Jan 1801, dd by 1819 (AWCC 62 ERB PR). His dau, Mary Anna, m 1819 Christoph E. Treutlen, gr s of Gov (AoG 22).

Triebner, Friederica Maria, d Christian Israel Gronau, w Chis Fr, 69 m Christoph Friedrich, 70 s Christoph August Gottlob, 75 s Christoph Israel, 77 s Timothaeus Traugott (ERB)

Triebner, Timothaeus, 1777, s Christoph Friedrich (ERB)

Tritlen, Trittlen, Trith, see Treutlen

Tubear (T'Bear), David, gunsmith in Sav, formerly in Charleston, h Susanna, 52 buys lot Vernonburg, 59 sells lot Sav (EC PR ECGC ECGP CCB GD)

Tubear, Elisabeth (PR)

Tubear, Maria, d David, 76 leg (PR ACW 117 AWCC 122)

Tubear, Susanna, w David, 76 leg (PR ACW 117 AWCC 122)

Tullius, Josua Daniel, skilled man fr Purysburg, 35 res in Ebenezer (DR 2)

Tusant, see Tussing

Tussing, Anna Margaretha, 1759, d Jacob (ERB)

Tussing (Dusseign), Jacob, ar ca 5l, gr 54 Eb, 55 CB Ebenezer, 56 m wid Maria Kaemmel, gr 60 Bethany, 76 capt (CR 7 EC CB ERB ECGM GD)

Tussing, Johann Paul, 1763, dd 1826 (ERB)

Tussing, Joseph, 1763, s Jac (ERB)

Tussing, Maria, wid Kaemmel, 56 m Jacob, 57 s Johann Jacob, 59 d Anna Margaretha, 6l s Johann Paul, 63 s Josef (ERB)

Uhland, Elisabetha Barbara, d Georg, granddaughter Johann Ring, 54 inherits lot Vernonburg (EC CCB)

Uhland, (Johann) Georg, tailor in Sav, gr 43 Vernonburg 53, 54 sells lot in Sav; 60 Acton (CR 6 27 EC ECGC CCB ERB PR GD)

Uhland, Johann Jacob, 1761, s Georg, 61 bapt Ebenezer (ERB)

Ulich, Johann Caspar I, 17ll, t8a, 39 m Margaretha Egger, dd 39 (CR 30 DR 6 7 8 GD)

Ulich, Johann Caspar II, s Johann Caspar I

Ulich, Margaretha, née Egger, t8a, w Johann Caspar (DR 7 ERB)

Ulmann, Conrad Philip, 1738, Pal, tll, apprentice to Brachfeld (CR 30 31)

Unold, Johann, gr 52 (CR 27)

(Unselt, Anna, Pal fr Purysburg, d Johann Meyer I, wid David II, gr 61, 78 m Adam Treutlen, 7l leg [CR 8 ACW 137 ERB PR Muhl ECGM])

(Unselt, Anna Justina, Pal fr Purysburg, 38 m Frantz Herrnberger [DR 5 6 GD])

(Unselt, Barbara, Pal fr Purysburg, 54 m Johann Rentz [ERB])

Unselt, David I, fr Bernstadt by Ulm, 1692, Swab, t14, 53 wit, gr 53 Bethany, gr Abercorn, 61 Sav, dd 62 (CR 6 27 EC ECGC CCB PR ECGM Hacker 246 GD)

Unselt, David II, s David I, Swab fr Bernstat by Ulm, h Anna, gr 65 Abercorn, 68, 71 will, dd 7l (EC ACW 137 ECGM)

Unselt, Elisabeth (PR)

(Unselt, Eva Regina [Ephrosina], 1728, Pal fr Purysburg, 35 m Georg Schweiger, dd 61 [DR 2 ERB GD])

(Unselt, [Sibilla] Friederica, m Henry Bishop [DR 5 7 8 GD])

Unselt, Georg, 78 spon (ERB)

Unselt, Hanna, gr 61 St Math (PR ECGM)

Unselt, Jacob, 64 gr Black Creek (CR 9)

Unselt, Michael, Swab fr Bernstadt, br David, 67 ar Philadelphia on the *Grampus* (PR Hacker 246)

Unsolt (Unselt?), Ursula, fr Giegen by Ulm, 54 conf

Upshaw> (Ubjber?), Josef, 1722, Pal, t8, Frederica, 42 captured by Indians (E EP DR 9 GD)

(**Valentin**, Catharina, Salz, 36 m Stephan Riedelsperger, dep 38 [E DR 7 GD])

Vannamacher, Vansmaker, see Wannemacher

Vat (Watt), Jean, Sw fr Biel, ar 34, dep 35 (E DR 6 GD)

Verlii (Vetterli?), Jacob, Sw, t4a (CR 20 unpublished GD)

Vetterli, Anna Magdalena, 1731, Sw, t10, d Heinrich (E CR 30)

Vetterli, Catharina, 1701, Sw, t10, w Heinrich, dd 41 (E CR 30)

Vetterli, Hans Jacob, 1730, Sw, t10, s Heinrich, dd 41 (E CR 30)

Vetterli, Heinrich, 1701, Sw, t10, h Catharina, dd in passage (E CR 30)

Vetterli (Weatherly), Joseph, slave driver (GD)

Vetterli, Regula, 1735, Sw, t10 (E CR 30)

Victor, wid, 1702, Pal, t8, Frederica (E EP GD)

Victor, Anna, 1718, Pal, d wid, t8, Frederica (E EP GD)

Victor, Annalies, 1722, Pal, d wid, t8, Frcdcrica (E EP GD)

Victor, Jacob, 1728, Pal, s wid, t8, Frederica (E EP GD)

Victor, Peter, 1721, Pal, s wid, t8, Frederica (E EP GD)

Victor, Sule, 1731, Pal, t8, s wid, Frederica (E EP GD)

Vigera, Johann Friedrich, 1706, fr Strassburg, t9, 43 dep for Pa (E DR 10 GD)

Visieren? (Vipren?), Maria Barbara, Pal, t7, single woman. Egmont lists her both ways (E EP)

Voegeli (Wrogeley), Anna Barbara, 1723, Sw, t10, d Hans Jacob (E CR 30)

Voegeli, Hans Jacob, 1701, Sw, t10, h Rachel (E CR 30)

Voegeli, Johann, 1730, t10, s Hans Jacob (E CR 30)

Voegeli, (Anna) Maria, 1731, Sw, t10, d Hans Jacob (E CR 30)

Voegeli, Rachel, 1701, t10, w Hans Jacob (E CR 30)

Vogler, Anna Magdalena, 1730 Sw, t10, d Hans Ulrich I (E CR 30); fr Elgg, Ctn Zurich, bapt 1728, d Hans Ulrich I, dep 1742 new time), (FB I 46)

Vogler, Anna Maria, 1702, Sw 4l, t10, w Hans Ulrich I (E CR 30); née Trachsler (Drechsler?), bapt 1702, w Ulrich, dep 42 (FB I 46)

Vogler, Hans Caspar, 1738, Sw, t10, s Hans Ulrich I (E CR 30); Caspar, bapt 37 (FB I 46)

Vogler, Hans Ulrich I, 1703, Sw, t10, h Anna Maria (E CR 30); fr Elgg in Ctn Zurich, dep 42 (FB I 46)

Vogler, Hans Ulrich II, 1739, t10 s Hans Ulrich I (E CR 30); bapt 37 (FB I 460)

Vogler, Heinrich, 1732, Sw, t10, s Hans Ulrich I (E CR 30); Hans Heinrich, s Hans Ulrich, bapt 3l (FB I 46)

Volker, Johann (Joseph?), Sw, t4a (CR 20)

Volmar, Michael, Pal, ar 36 with Moravians, fled to S.C. (E DR 3 5 8 Fries GD)

Vollbrecht (Fulbright, Fullbreit, Fuelbreit), Christoph, fr Danzig, *"200 Ls, mostly slaves"*, gr 53 near Augusta, 59 St Paul (Inv CR 6 27 ECGP DR 14)

Wachter, Elisabetha, 1735, Sw, t10, d Josef (E CR 30)

Wachter, Johann, 1774, s Josef, 60 conf (EC PR ECGC DR 17)

Wachter, Josef, 1705, Sw, t10, h Elisabetha, gr 43 Vernonburg gr 50 Christ Church, 59 Acton, dd by 60 (E CR 2 5 8 27 30 EC GD)

Wachter, Susanna I, 1709, Sw, t10, w Josef (E CR 30)

Wachter, Susanna II, 1738, t10, d Josef (E CR 30)

Wagenerak? (Wagonerah), Catharina, 1715, Pal, t8, w J Clementz (E EP)

Wagenerak? (Wagonerah), Johann Clementz, 1690, Pal, t8, h Catharina (E EP)

Wagner, Abraham, leg (PR)

Wagner, Johann Georg, Moravian tailor, ar 74, dd 79 (Fries Muhl GD)

Wagner, Samuel, Hampstead, 35 will (in French), dd before 55 (ACW 138 E CR2 EC PR GD)

Wagonerah, see Wagenerak

Waincoff, see Weinkauf

Waldpurger, Catharina Barbara (PR)

Waldpurger, Jacob, Sw fr Purysburg, bro Johann Bartholomaeus, nephew Zauberbuhler, gr 52, 66 leg 94 leg, 94 leg (ACW 151 CR 8 EC ACWW 120 ACWW 158 PR GD)

Waldpurger, Johann Bartholomaeus, s Catharina Rehm, 94 leg, 97 will (ACWW 120 157)

(**Walliser**, Elisabetha, wid Michael, 58 m Jacob Mohr [ERB])

Walliser, Michael, Swab, t14, h Elisabetha, gr 54, dd 57 (CR1:565 CR 6 27 EC ERB GD)

Walser (Walset), Andreas, Pal, Frederica & Purysburg, h Barbara (EP CR 2 EC GD)

Walser, Anna, Pal, d Andreas, Frederica (E GD)

Walser, Barbara, Pal, w Andreas, Frederica (E GD)

Walser, Johann, Pal, s Andreas, Frederica (E ECGI GD)

Walter, Anna Catharina, w Johann (ERB)

Walter, Johann, h An Cat (ERB)

Walter, Margaretha, 1772, d Johann (ERB)

Walthauer (Waldhauer), Agnesia, née Ziegler, 58 m Jacob Caspar II, 59 d Margaretha, 60 d Lydia, 64 s Georg, 66 spon, 67 d Hanna, 69 s Wm Ewen, 74 spon (ERB)

Walthauer (Volthoward), Andreas I, 1689, Pal, t8, h Anna, St. Simon (E EP GD)

Walthauer, Andreas II, 80 militia (MCG GD)

Walthauer, Anna, 1697, Pal, t8, w Andreas, St. Simon (E EP GD)

Walthauer, Barbara, 1724, Pal, t8 (E EP CR 30 GD)

Walthauer, (Margaretha) Barbara, Pal, tll, 4l pres (DR 8)

Walthauer, (Jacob) Caspar, s Johann Caspar I, 1731, Pal, gr 50, 55 CB Abercorn, 57 Ogeechee, 58 m Agnesia Ziegler, m Maria Flerl II, 71 wit (CR 27 31 EC EC ACW 13 ERB PR)

Walthauer, (Anna) Catharina, née Stuermer, wid Graniwetter, 49 m Johann Caspar I

Walthauer, Christoph Conrad, Pal, tll, gr 57 (CR 26 31 GD)

Walthauer, (Hans) Georg, 1729, Pal, t8, s Andreas, St Simon (E EC ERB EP GD)

Walthauer, Hanna, 1767, d Caspar (ERB)

Walthauer, (Georg) Jacob, Pal, tll, gr 57 Goshen, 70, 74 pres (PR CR 26 31 ECGM GD)

Walthauer, Jacob Caspar, m. ____ Ewen (CR 31 ACW 46 PCG)

Walthauer, Johann Caspar I, 1694, Pal, tll, 49 m Catharina, wid Graniwetter, gr 52 Goshen, 58 Ogeechee; 55 CB Goshen, dd 66 (CR 27 31 EC CB ECGC ERB ECGM DR 13-15 GD)

Walthauer, Johann Caspar II, 1731, Pal, tll, s Johann Caspar I, 58 m Agnesia, 76 magistrate St Math, 78 militia, 79 wit (GCS CR 12 31 EC ACWW 124 ERB)

Walthauer, Margaretha I, 1719, Pal, t8, w Wm Ewen, 66 spon, 77 leg (ACWW 35 E EP ERB PR)

Walthauer, Margaretha II, 1759, d Jacob, 89 m David Gugel, dd 1841 (ERB)

Walthauer, Margaretha Barbara, Pal, t11 (CR 31)

Walthauer, (Georg) Michael, 1732, Pal, tll, s Johann Caspar I (CR 30 31)

Walthauer, Tobias, 1726, Pal, t8, s Andreas, St. Simon (E EP GD)

Walther, Anna Catharina, w Johann, 72 d Margaretha (ERB)

Walther, Johann Gottfried, fr Halifax wit (PR ERB)

Walther, Margaretha, 1772, d Joh (ERB)

Wannemacher, Catharina Fritz, 1719, t7, w Johann Jacob (E)

Wannemacher, Johann Jacob, 1716, Pal, t7, sv to Hanss Jacob Ham, h Catharina Fritz (E EP CR 29 GD). See Hacker, *Kurpf...* 184.

Waschke (Waschlin), Anna, Moravian, mo of Georg, ar 36, dep 38 (E Fries)

Wascke (Washlin), Georg, Moravian, s Anna, ar 35, dep 38 (E Freis CR 29)

Waschke (Waschlin), Juliana, Moravian, w Georg, Moravian, 36 ar, dep 38 (Fries)

(Wassermann, Elisabetha, Salz, t8a, 39 m Pletter [E CR 30 DR 6 GD])

(Wassermann, Ursula, Salz, t8a, 39 m Veit Landfelder [DR 6 GD])

Weaver, see Weber

Weber, Christina Elisabetha, 1758, d Geo Mich (ERB)

Weber, (Maria) Magdalena I, née Greiner, 54 m Michael, 58 d Maria Magdalena & d Christina Elisabetha, 61 Magdalena Dorothea, 65 d Salome; 72 m Michael Gnann [ERB])

Weber, Maria Magdalena II, d Michael, m Jesse Sanderlin, dd 1786

Weber, Margaretha Dorothea, 1761, d Geo Mich (ERB)

Weber, (Georg) Michael, Pal, t12, sv Johann Flerl, 54 m Magdalena Greiner, gr 57, 59, dd 67 (CR 26 EC ERB)

Weber, (Johann) Michael, t12, 54 m (Maria) Magdalena I, gr 57 Abercorn, 59 (EC CR 26 ECGM)

(Weber, Salome, 1765, d Georg Michael, m Salomon Gnann [ERB])

Webling, Matthaeus, gr 52 (CR 27)

Weedman, see Weidmann

Weidmann, Adam, 8 military (MCG GD)

(Weidmann, Anna Eva, w Ludwig, 57 s Tobias, 58 d Carolina Catharina, 63 s Matthaeus, 65 s Jededjah, 67 s Salomo, 71 m J M Haberer, 71 leg (ACW 141 ERB PR)

Weidmann, Daniel, s Ludwig, 74 pres, 77 m Salome, 78 military, 71 leg, 94 m Anna Catharina Hangleiter, dd 1804 (GCS ACW 141 ERB PR)

Weidmann, Jededjah, 1765, s Ludwig, h Hanna, 71 leg (ACW 142 ERB PR)

Weidmann, Johanna Salome, 1778, d Daniel (ERB)

Weidmann, (Johann) Ludwig, 1726, h Anna Eva, gr 55 Bethany, 57 Bethany, 59, 68, dd 69, 69 will (CR 7 10 ACW 141 EC PR ERB ECGM)

Weidmann, Matthias, 1763, s Ludwig, 71 leg (ACW 141 PR ERB)

Weidmann, Salome, w Dan, 78 spon (ERB)

Weidmann, Salome, née Schrempff, 77 m Daniel, 78 d Johanna Salome, 71 leg (ACW 141 EC)

Weidmann, Salomo, 1767, s Ludwig, 71 leg (ACW 142 PR ERB)

Weidmann, Tobias, 1757, s (Johann) Ludwig (ERD)

Weinkauf, Anna Rosina, née Kussmaul, 70 m Matthaeus, 81 s Matthaeus, 1810 will (ACWW 168 ERB)

Weinkauf, Christina, née Mack, 1744, 68 m Matthaeus, 69 d Margaretha, dd 69 (ERB)

Weinkauf, Margaretha I, 58 spon (ERB)

Weinkauf, Margaretha II, 1769, d Mat I (ERB)

(Weinkauf, Maria, w Matthias, 63 spon, 65 m Thomas Mack [ERB])

Weinkauf, Matthaeus I, fr Sontheim an der Brentz, 59 conf, 68 m Christina Mack, 70 m Anna Rosina Kussmaul (CR 12 ERB)

Weinkauf, Matthaeus II, 1781, s Mat I (ERB)

Weinkauf, Michael, Swab, t14, gr 54 Ebenezer, 59 Bethany, 60 spon, 61 St Math, 62, 65 (CR 1:565; CR 6 EC PR ECGI ERB ECG DR15M GD)

Weinkauf, ___, w Michael, 52 pres

Weissenbacher (Wizenbaker, Wyssenbakher), Christoph I, tll, 60 survey Goshen, 47 drowns (CR 8 31 EC GD)

Weissenbacher, Christoph II, Savannah laborer, h Constance, 67 will (ACW 147 Inv PR ECGM)

Weissenbacher, Constance, w Christoph II, gr 55 Goshen, 67 leg (ACW 147 EC PR)

Weissenbacher, Jacob I, Pal, tll, gr Goshen, h Margaretha, dd 47 (CR 30 31 EC DR 3 11)

Weissenbacher, Jacob II, h Johanna Christina, 88 wit, dd by 98 (AWCC 49)

Weissenbacher, Johanna Christina, w Jacob II

Weissenbacher, Margaretha, Pal, tll, w Jacob I (CR 30 31)

Weissengert? (Wyssengert), Anna Maria, t11 (CR 31 GD)

Weisshart, see Whitehard

Weisshart, Thomas, will (GD)

(Welsch(er), Elisabetha, m Friedrich Schick)

Welsch(er), Jo (?), lot at Frederica before 62, 92 wit (CR 8 ACWW 129)

Wertsch, (Hanna) Elisabetha, née Gronau, 1738, 58 m Johann Caspar, 59 s Christian Israel, 61 s Benaja, 63 d Catharina, dd 69 (ERB)

Wertsch, Elisabetha I, née Koegler, 69 m Johann Caspar (ERB GD)

Wertsch, Elisabetha II, 1777, d Joh Casp (ERB)

Wertsch, Johann Caspar, Pal, t12, fr Anspach, sv Carl Flerl, 58 m Elisabetha Gronau, 69 m Elisabetha Koegler, gr 56, 59 Bethany, 60, 64, 65, 71, 73; 62 ensign militia, 65 CB Ebenezer, 63 wit, dd 79 (CR 26 EC ACW 14 ECGM ERB PRDR 13-15 MSG GD)

Wertsch, Johanna (Hanna) Christina, 1770, d Johann Caspar, m Hermann Hersen (ERB GD)

West, see Wuest

Whitehart, Jasper Shargold (?), Sav joiner, 57 will (ACW 144 Inv 371 PR GD). This name appears to be a corruption of the German name Weisshart. Cf. Blackwelder.

Wideman, see Weidmann

Wiehle, Abraham, fr S.C. (ERB)

Wielhle, David, 1773, s Abrah (ERB)

Wiehle, Samuel, 1770, s Abrah (ERB)

Wiehle, Sara, 1768, d Abrah (ERB)

Wierli, Elisabetha, 1721, Sw, t10, d Margaretha, 77 m Jean Venieur (E CR 30 ERB)

Wierli, Hans Caspar, 1696, Sw, t10, h Margaretha, dd 41 (E CR 30)

Wierli, Hans Jacob, 1726, Sw, t10, s Hans Caspar, 60 Ranger (E CR 30 CSS)

Wierli, Margaretha I, 1701, Sw, t10, wid Hans Caspar (E EP)

Wierli, Margaretha II, 1735, Sw, t10, d Margaretha I (E EP)

Wiess (Weiss?), Georg, land at Ebenezer (CR 10)

Willer, Maria Eurich, 1720, Sw, t10, cousin H C Wierli (E CR 30)

Winckler, Anna Barbara, w Nikolaus, 65 d Margaretha (ERB)

Winckler, Anna Maria, w Ludwig, 66 d Anna Margaretha (ERB)

Winchler, Anna Schroeter, w Hans Georg (ERB)

Winckler, Elisabetha, fr Purysburg, 77 m Johann Vernieur (ERB)

Winckler (Winkel), (Hans) Georg, Swab fr Niederstotzingen by Ulm, t14, h Anna Schroeter, gr 54 Goshen, 59 Abercorn, 77 m wid Maria Rieser (CR 8 10 27 EC ERB PR ECGM Hacker 242, 249 GD)

Winckler, Jacob 1721, fr Purysburg (GD)

Winckler, Ludwig, 1724, fr Purysburg, h Anna Maria (ERB GD)

Winckler, Margaretha, 1765, d Nik (ERB)

Winckler, (Anna) Margaretha, 1766, d Lud (ERB)

Winckler, Maria, wid Rieser, 77 m Georg (ERB)

Winckler, Nikolaus, 1716, fr Purysburg, h Anna Barbara, 48 applies for gr (CR 6 CBJ GD)

Winecof, see Weinkauf

(**Winnagler**, Anna Maria, fr S.C., 56 m Jacob Friedrich Rieser [ERB])

Winter, Friedrich (CR 10)

(**Winter**, Maria, m Ruprecht Steiner)

Winter, Leonhard, 59 Ranger (CSS)

Wirth, Anna, 1730, Sw, t10, d Hans Jacob (E CR 30)

Wirth, Catharina I, 1708, Sw, t10, w Hans Jacob (E CR 30)

Wirth, Catharina II, 1732, Sw, t10, d Hans Jacob (E CR 30)

Wirth, Elisabetha, 1735, Sw, t10, d Hans Jacob (E CR 30)

Wirth, Hans Jacob, 1693, Sw, t10, h Catharina I (E CR 30)

Wirth, Sulamena, 1729, Sw, t10, d Hans Jacob (E CR 30)

Wirth, Susanna, 1739, Sw, t10, d Hans Jacob (E CR 30)

Witter, Jacob ?, t8, gr 58 Frederica, 69 CB St James (CR 7)

Witzen, Nikolaus, retailer fr Hanover, 94 will (ACWW 162) Date of arrival unknown

Wobner, Barbara, 1773, d Maria Barbara (ERB)

Wobner, Maria Barbara, 73 pres (ERB)

Worley, see Wierli

Wrightnour, Lawrence, see Reitenauer, Lorentz

Wuest, Anna Dorothea, 1738, Pal, tll, d Matthias

Wuest, Catharina, Pal, tll, mo of Matthias (CR 30 31 ERB)

Wuest, Christina, 1759, d Matt (ERB)

Wuest, Magdalena, née Ratz, tll, w Matthias, 59 d Christina, 83 pres (CR 30 31 ERB)

Wuest, Matthias, Pal, tll, h Magdalena, 55 CB Goshen, gr 57 Goshen, 60 Christ Church, dd by 83 (CR 7 30 31 EC CB PR ECGC ERB ECGM GD)

Wuller, Hans Michael, 1702, Pal, t8, h Maria (E EP)

Wuller, Maria, 1702, Pal, t8, w Hans Michael (E EP)

Wunderlich, Mr., fr Purysburg, 74 spon (ERB)

Wurli, see Wierli

Wurttemberg, Prince of, see Rudolf, Ludwig Carl

Wyssenbacher, see Weissenbacher

Wyssengert, see Weissengert

Yakely, see Jaeckli

Young, see Jung

Youngblood, see Jungblut

Yowell, Jacob, German Jew, ar 33, 36 bequeathed lot to Isaac Marks (MS)

Zant, Bartholomaeus, Swiss, t2, h Sibilla, 39 signs, dd 45 (E CR 3 EC DR 2-10 GD)

Zant, Benaja, 1769, s Salomo (ERB)

Zant, Christian, 1772, s Dan (ERB)

Zant, Dorothea, née Rieser, 75 m Salomo (ERB)

Zant, Elisabetha, 1747, née Kieffer, 67 m Salomo, 69 s Benajah, 72 s Josua, dd 73 (ERB)

Zant, Josua, 1772, s Salomo (ERB)

(**Zant**, Maria Magdalena, d Bartholomaeus, 59 conf, 67 m Johann Maurer II [ERB])

Zant, Salome, 1746, w Salomo, dd 78 (ERB)

Zant, Salomo, s Bartholomaeus, gr 56 Ebenezer, 67; 67 m Elisabetha Kieffer, 75 m Dorothea Rieser, 67 wit, 75 wit, dd by 78 (CR 7 EC ACW 48 ACW 118 ERB PR ECGM)

Zant, Sibilla, née Bacher, wid Piltz, w Bartholomaeus, 49 pres, 50 requests gr, 50 m Georg Glaner (CR 6 DR 11-14)

Zeigler, see Ziegler

Zeisberger, David I, Moravian, ar 37, dep 40 (E Fries GD)

Zeisberger, David II, Moravian, h Rosina, ar 37, dep 40 (E Fries CR 29)

Zeisberger, Rosina, Moravian, w David II, ar 36, dep 40, dd 85 St Thomas (E Fries)

Zeprer, see Zipperer

Zettler, Catharina Elisabetha, d Matthias, 59 conf (DR 17)

Zettler, Daniel, s Matthias, h Hanna, gr 70, 68 leg, 71 wit, 78 military (ACW 151 ACW 13 GCS ERB PR CR 10 ECGM GD)

Zettler, Elisabetha Catharina, née Kieffer, 1723, 40 m Matthias, 59 d Esther, 61 s Nathaniel, 63 d Rosina, 65 m L Leen, dd 68. (Lamberth Lein, 69 leg ACW 151 ERB DR 8 9 11 15)

Zettler, Gideon, 1797 m Martha, dd by 1803

Zettler, Hanna, née Dasher, w Daniel, 72 s Christian, m Johann Georg Niedlinger (ERB)

Zettler, Matthias I, Salz, t3, 40 m Elisabetha Catharina Kieffer, gr 50, 51, 55 CB Ebenezer, 57 militia, dd 69, 76 wit, 68 will (E CR 6 27 CB EC CSS DR 3-6 8-12 15 Inv ACW 50 ACW 151 ERB PR ECGM GD)

Zettler, Matthias II, s Matthias I, gr 70, 70 petitions gr, 76 wit, 68 will (E CR 11 EC ACW 50 ACW 151 ERB PR)

Zettler, Nathaniel, 1761, s Matthias I, 70 gr, 68 leg, 1800 will (CR 10 ACW 151 ACWW 177 ERB ECGM GD)

Zettler, Rosina, 1763, d Matt (ERB)

(**Zettler**, Salome, d Matthias I, 65 m Lucas Ziegler [ERB])

Zettler, Wilhelm, 57 lot at Ebenezer (ECGM)

(**Ziegler**, Agnesia, née Hermann, Swab fr Giengen, wid by 54 with 3 children, 56 m Andreas Seckinger, 58 m Johann Caspar Walthauer [ERB PR AG 525])

Zeigler, Anna, w Lucas (ERB)

Ziegler, Anna, 1779, d Lucas (ERB)

Ziegler, (Anna) Catharina, née Rau, 56 m Georg, 57 d Hanna Elisabetha, 57 d Hanna Elisabetha, 62 s Immanuel, 63 d Maria, 67 d Catharina, 69 s David, 79 d Lydia (ERB)

Ziegler, Christian, 60 land at Abercorn (CR 8)

Ziegler, David, 1769, s Georg (ERB)

(**Ziegler**, Eva Maria, 54 m Johann Caspar Both [ERB])

Ziegler, (Johann) Georg, Pal, t12, sv Gschwandl, 56 m Anna Catharina Rau, gr 58 Bethany, 60, 67; 62 Ranger, 74 pres, 83 pres, 72 wit (CR 7 10 26 EC CSS ACW 95 ERB PR ECGM PCG)

Ziegler, Hanna Elisabetha, 1757, d Johann Georg (ERB)

Ziegler, Immanuel, 1765, s Georg (ERB)

Ziegler, Jacob, gr 52 (CR 27)

Ziegler (Siegler), Lucas, gr 55 Halifax, gr 65, 72; 65 m Salome Zettler, 83 pres, 68 leg, Swab t15, 72 wit, 75 wit (CR 7 27 ACW 151 ACW 123 ACW 21 ERB PR ECGM PCG GD)

Ziegler, Lucia, gr 52 (CR 27)

Zielger, Lydia, 1779, d Georg (ERB)

Ziegler, Lydia, 1776, d Lucas (ERB)

Ziegler, (Johann) Michael, Swab fr Giengen an der Fils by Ulm, t14, gr 52, 60 St Math (CR 8 27 ECGM Hacker 249)

Ziegler, Salome, née Zettler, 65 m Lucas, 66 d Lydia, 68 d Agnesia (ERB)

Zimmerebner, Margaretha, née Berenberger, Salz, t8a, 40 m Ruprecht, dd 65 (DR 6-9 11

Zimmerebner, (Anna) Margaretha, d Ruprecht, 62 spon, 63 m David Steiner (ERB)

Zimmerebner, Ruprecht, Salz fr Radstadt, t2, 40 m Margaretha Berenberger, 55 CB Ebenezer, gr 56 Mill District, 72 wit (E CR 7 EC CB DR 3-11 14 15 AWCC 123 ERB ECGM GD)

Zimmermann, see Zimmerebener

Zinn, Jacob, in Col. Wm Candler's regt at siege of Augusta (MCG GD)

Zipperer, Anna Maria, w Christian, 57 s Christian Jonathan, 59 s Jonathan (ERB PR)

Zipperer, Christian (Jonathan), Swab fr Bernstadt, t14, h Anna Maria, gr 59 Ebenezer, 70; 68 CB St Math, 78 m Gratiosa Zittrauer, dd 81 (CR 7 10 EC ERB PR ECGM Hacker)

Zipperer, Elisabetha, née Kuebler, w Johann, 80 spon (ERB)

Zipperer, Gratiosa I, née Zittrauer, 1757, 78 m Christian, 79 s Johann Christian (ERB)

Zipperer, Johann, h Elisabetha, 80 spon (ERB)

Zipperer, Jonathan, s Christian, gr St Math, 82 wit (AWCC 123 ERB)

Zipperer, Peter, Swab fr Bernstadt, s Christian, t14, gr 61 Goshen, 68 CB St Math, dd 68 (CR 7 PR ECGM Hacker 251 GD)

Zipperer, Samuel, 1759, s Christian (ERB)

Zischler, Barbara, née Haeussler, wid Lackner, 58 m Johann Michael, 61 s Samuel (ERB)

Zischler, Johann Michael, ar 56, 58 m wid Barbara Lackner, née Haeussler, 59 gr Black Creek (CR 8 ERB)

Zischler, Samuel, 1761, s Joh Mich (ERB)

Zittrauer, Anna, née Leihoffer, 36 m Ruprecht I, 41 s, 47 in S.C. (DR 5-8 11)

Zittrauer, Apollonia, née Kieffer, w Paul, 57 d Gratiosa (ERB)

Zittrauer, Catharina, née Brandwein, 61 m (Johann) Georg, 62 s Timothaeus, 66 s Johann Gottlieb, 68 d Maria Margaretha, 74 d Maria Margaretha (ERB)

Zittrauer, (Ernst) Christian, 1749, s Paulus, 70 m Hanna Reiter (PR ERB DR 13 GD)

Zittrauer, Christina Elisabetha, d Ernst, 72 leg (ACW 124 PR)

Zittrauer, (Johann) Georg, gr 59 St Math, 61 m Catharina Brandwein, 74 pres, 75 wit, 79 wit (CR 8 ACW 118 AWCC 124 ERB PR ECGM DR 8 MSG)

Zittrauer, (Johann) Gottlieb, 1766, s Joh Geo (ERB)

(Zittrauer, Gratiosa I, 1757, d Paulus, 78 m Christian Zipperer [ERB PR])

Zittrauer, Gratiosa II, 1778, d Ernst (ERB)

Zittrauer, Hanna, née Reiter, 70 m Christian Ernst, 72 leg (ACW 124 ERB PR)

Zittrauer, Jacob, 41 pres (DR 8)

Zittrauer, Johann, 41 pres (DR 8)

Zittrauer, Johanna, w E Chr (ERB)

Zittrauer, Margaretha, 58 spon, 61 m Georg Schweiger (ERB GD)

Zittrauer, (Anna) Margaretha, née Heinrich, 39 m Paulus, 41 child, 57 d Gratiosa, 61 m Georg Schweiger (ERB DR 6 8 9 13)

Zittrauer, Paulus, 1714, Salz fr Radstadt, t2, 39 m (Anna) Margaretha Heinrich, 55 CB Ebenezer, gr 56 Mill District, dd 58 (E CB EC ECGM DR 3 5 6 8 9 11 13 GD)

Zittrauer, Ruprecht I, Salz fr Gross-Orel, t2, 36 m Anna Leihoffer, 47 in S.C., dd 48 in Charleston (EC DR 2 3 5-9 11 12 GD)

Zittrauer, Ruprecht II, 74 pres

Zittrauer, Salomo, 1777, s Joh Georg (ERB)

Zittrauer, Samuel, 1742, s Paulus (DR 9)

Zittrauer, Timothaeus, 1762, s Joh Georg (ERB)

Zoberbiller, see Zouberbuhler

Zoller, (Johann) Balthasar, Pal, t12, h Rosina, sv at mill, ran away to Congarees (CR 26 DR 14 GD)

Zoller, Matthias, 55 CB Ebenezer (CB)

Zoller, Rosina, Pal, t12, w Balthasar (CR 26)

Zoller, Salomo, 1777, s Joh Geo (ERB)

Zoller, Timothy, 1762, s Joh Geo (ERB)

Zophi, Matthias, 1769 overseer to Henry Laurens (Betty Wood, Slavery in Col. Ga., Athens, Ga., 1984, p. 140 GD)

(**Zorn** [Zoning], Barbara, 1732, Pal, d Margaretha, tll, 50 m Ludwig Meyer [CR 31 DR 14])

Zorn, Margaretha, Pal, tll, sv Gronau, dd by 48 (CR 31 GD)

Zouberbuhler (Zauberbuhler), Bartholomaeus, Sw fr Teuffen, gr 50 Sav, 56 CB Sav, 59 St Math, 66 will, dd 66 (ACW 151 EC CB CR 27 31 ECGC ECGM Inv PR DR 3-6 8 11-15 GD)

Zouberbuhler, Johannes (PR)

Zouberbuhler, Matthias, Sw, gr 57 Sav, 75 wit (CR 28 I ACW 2)

Zuebli, Ambrosius, Swiss, bro Jacob, 37 ar fr Purysburg (E DR 3 5-10 GD)

Zuebli, Anna, née Tobler, w Johann Joachim (GD)

Zuebli, Christina, née Haeussler, 42 m either Ambrose or Jacob (DR 9)

Zuebli, David, fr Purysburg, 75 spon (ERB PR CBJ DR 4-10 13 14 GD)

Zuebli, (Johann) Jacob, bro Ambrosius, 37 ar fr Purysburg (E DR 4-6 7-10 12 GD)

Zuebli (Zubly), Johann Joachim, 1724, s David, Sw fr St Gall, gr 60 Christ Church, 62 wit, 63 CB Christ Church, 80 Loyalist, dd 81 (ACW 22 ECGC CGHS 3:303 PR ECGI ECGM DR 3 8 11 13-15 GD)

(Zuericher, Anna Maria, 58 m Nikolaus Schubdrein [ERB]). See Yoder, *Rhineland Emigrants* 144

(Zugeisen, Maria, Salz fr Gastein, m Bartholomaeus Rieser [DR 2 6 8])

Zweckbrunner, ____, Swab, t14 (DR 15)

Zwiffler, (Johann) Andreas, tl, 34 m Anna Regina, dep 37 for Philadelphia, dd 49 (E CR 6 21 DR 1-7 9 10 GD)

Zwiffler, Anna Regina, 1692, w Andreas, ar 34, 34 m Andreas, dd 36 (DR 2 3 6)

Index of Place Names

When referred to a page of the index, the reader must be sure to read the entire page, since the place in question may be listed several times on the same page. Note that place names sometimes overlap. References to grants in St. Matthews Parish, Abercorn, Bethany, Ebenezer, Goshen, and the Mill District could refer to six separate properties. However, since Abercorn, Bethany, Ebenezer, Goshen, and the Mill District are all in St. Matthews Parish, two or more designations may refer to the same property. For example, Michael Weinkauf's grants at Ebenezer, Bethany, and St. Matthews Parish could have referred to a single property or to adjacent properties.

Some documents refer to settlers as being Germans or being from Germany, without stating from what part. These are all listed below as being from Germany, even though some may have actually been from Switzerland, Austria, or elsewhere.

Although the Moravian Church originated in Moravia, its members who came to Georgia were mostly later converts from other parts of the Holy Roman Empire.

When a Salzburger is listed as being from Lindau, Memmingen, or some other Swabian city, it means that he was in exile there for some time before going to Georgia.

The Rangers, the mounted scouts, were usually in motion and some of them had no permanent domicile. They are listed at the end of the index.

Domiciles in Europe

-A

Aesch bei Birmensdorff, Canton Zurich, 76
Albeck, town in Territory of Ulm 1, 31, 48
Alsace. See Strassburg.
Altheim, town in Territory of Ulm, 21, 29, 36, 70, 112
Anspach (Ansbach), city in Franconia, 132
Augsburg, city in Swabia, 50
Austria (more specifically Upper Austria), 2, 4, 15, 36, 40, 52, 69, 90, 94, 108. See St. Johann.

-B

Bachenbuelach, town in Switzerland, 11
Baeretschweil, town in Canton Zurich, 22
Ballendorf, town in Territory of Ulm, 22
Basel, city and canton in Switzerland, 41

Bassersdorf, town in Switzerland, 20, 22
Bavaria, state in southern Germany, 10, 23. See Wurtzburg.
Bechingen an der Brentz, town in Territory of Ulm, 89, 90
Berlin, c0.ity in Brandenburg, 29
Bermaringen, town in Territory of Ulm, 28, 77, 106
Bern, city and canton in Switzerland, 2, 89. See Burgistein, Luetzelflueh.
Berneck, town in Switzerland, 31
Bernstadt, town in Territory of Ulm, 126, 137
Bieberach, town in Swabia, refuge of Salzburgers, 21
Biel, town in Switzerland, 127
Birmensdorff, place in Canton Zurich, 51, 120
Bischofen, town in Salzburg, 101
Black Forest, mountain range along Rhine, 93. See Freudenstadt.
Blaubeuern, town in Wurttemberg, 42

Bopfingen, town in Wurttemberg, 39
Brandenburg, state in northern Germany, 51. See Berlin.
Breitenberg, town in Gastein, Salzburg, 98
Burgistein, in district of Seftigen, Canton Bern, 38

-C

Cannstadt, town in Wurttemberg, 65
Cappel, town in Canton Zurich, 41
Celle, town in Hanover, 36
Chemnitz, town in Saxony, 43
Christ Church Parish, 1. See Acton, Hamstead, Highgate, Lacey's Island, Savannah, Vernonburg,

-D

Danzig, city on the Baltic, 111, 128
Degenstein by Lindau, town in Wurttemberg, 65
Dietlingen, town in Durlach, 54
Dietzdorf, town in Saxony, 43
Durlach, principality on the Rhine, 96. See Dietlingen.
Durrenberg, principality adjacent to Salzburg, 21

-E

Einoed, town in Homburg, 19
Elgg, town in Canton Zurich, 128
Ellikon an der Thur, town in Switzerland, 22

-F

Fischbeck, town in Schaumburg, 69
Fleinheim, town in Wurttemberg, 35
Forst, town in Lusatia, 8
Frankfurt, city on the Main, 20. See Hanau.
Frankfurt, city on the Oder, 116
Freudenstadt, town in the Black Forest, 108, 109
Fuellinsdorf, town in Canton Basel, 41, 42

-G

Gadauern, hamlet in Gastein, Salzburg, 26
Gaerstetten, town in Territory of Ulm, 46
Gastein, town in Salzburg, 3, 37, 51, 67, 94, 98, 139. See Breitenstein, Gadauern, Guet Niederberg, Harbach, Premstall.
Germany, 14, 15, 49, 52, 75, 76, 77, 78, 79, 81, 87, 89, 90, 100, 123. See Anspach, Bavaria, Brandenburg, Danzig, Frankfurt on the Main, Frankfurt on the Oder, Goettingen, Hamburg, Hanau, Hanover, Hinterpommern, Koppenstedt, Lauchstedt, Lusatia, Oldenburg, Saxony, Schaumburg, Silesia, Thuringia, Westphalia, Wurttemberg, Zweibruecken.
Giengen (Giegen), town in Territory of Ulm, 49, 127, 136
Goettingen, university town in Germany, 9, 35, 36. See New Goettingen.
Goldeck, town in Salzburg, 65, 66, 67
Grisons, canton in Switzerland, 103, 112
Gross-Orel (Grossarl), area in Salzburg, 50, 63, 138
Guet Niederberg, Faschingber in Gastein, 38

-H

Hamburg, North German seaport, 59
Hanau by Frankfurt, 104
Hanover, duchy in northern Germany, 80, 93, 134
Harbach in Gastein (Salzburg), 52
Hengstadt, town in Wurttemberg, 117
Hinterpommern, province in North Germany. See Poggenkoep.
Hirben, town in Wurttemberg, 42
Hirnstein, town in Territory of Ulm, 93
Hoervelsingen, town in Territory of Ulm, 40
Holland, 116
Holtzkirch, town in Territory of Ulm, 40

Horgen, town in Canton Zurich, 17, 18
Hungary (probably now Slovakia), 49

-I-

Igis bei Chur, town in Switzerland, 16
Isingen (unidentified), 118

-K-

Kaufbeuren, town in Wurttemberg, 68
Kirkel, town in Zweibrueken, 69, 118
Koblenz (Coblentz), city on Rhine, 9
Koppenstedt, town in northern Germany, 36
Kronstadt, city in Russia, 70
Kropfsberg im Zillertal, town in Salzburg, 32, 100

-L-

Langenaltheim, town in Territory of Ulm, 68
Langenau, town in Territory of Ulm, 4, 9, 26, 31, 32,, 33, 36, 40, 45, 52, 67, 71, 80, 82, 83, 84, 86, 89, 91, 95, 105, 110
Langensee, town in Territory of Ulm, 17
Lauchstedt, city in eastern Germany, 124
Leichingen, town in Salzburg, 60
Leuzhausen, town in Territory of Ulm, 37
Lichtenstein-Saalfeld, place in Salzburg, 50, 89, 97, 98, 99, 101, 102
Loigam, town in Salzburg, 68
Lusatia, territory in East Germany. See Forst.
Luetzelflueh, town in Canton Bern, 13

-M-

Magstadt, town in Wurttemberg, 64
Memmingen, town in Swabia, residence of exiles, 31, 42, 75, 76
Merklingen, town in Territory of Ulm, 74
Michelsheim, town in Wurttemberg, 60

Mietosil, town in Salzburg, 114
Moergenstetten, town in Territory of Ulm, 103

-N-

Nassau-Saarbruecken, German principality, 111, 112. See Weyer.
Nerenstetten, town in Territory of Ulm, 20, 33, 77, 78, 99
Niederstotzingen, town in Territory of Ulm, 12, 44, 133
Niederwenigen, town in Canton Zurich, 75
Noerdlingen, town in Territory of Ulm, 34

-O-

Oberembach, town in Switzerland, 22
Oberwinterthur, town in Switzerland, 55
Oldenburg, principality in North Germany, 50

-P-

Pappenheim, South German city, refuge of exiles, 66
Pinzgau, area in Salzburg, 50
Poesneck, town in Thuringia, 125
Poggenkoep, town in Hinterpommern, 91
Premstall, town in Gastein, Salzburg, 113

-R-

Radstadt, town in Salzburg, 6, 10, 15, 32, 34, 61, 62, 66, 69, 72, 73, 89, 136, 138
Raffz, town in Canton Zurich, 117
Ravensburg, town in Wurttemberg, 62
Riedheim, town in Territory of Ulm, 76
Rorbach, town in Canton Zurich, 29
Russia, see Kronstadt.

-S-

Saalfeld, town in Salzburg, 10
St. Gall, town and canton in Switzerland, 1, 139

St. James Parish, 2
St. Johann, town in Tirol, 73, 96, 113
St. Johns Parish, 2
St. Matthews Parish, *passim.* See Abercorn, Bethany, Ebenezer, Goshen, Joseph's Town, Mill District, Prethero's Bluff.
St. Ulrich in Tyrol, 94
St. Veit in Salzburg, 96
Saalfeld, 63. See Lichtenstein-Saalfeld.
Salzburg, archbishopric now in Austria, 3. See Bischofen, Breitenberg, Gadauern, Gastein, Goldeck, Gross-Orel, Harbach, Kropfsberg, Leichingen, Lichtenstein-Saalfeld, Loigam, Mietosil, Pinzgau, Premstall, Radstadt, Saalfeld, St. Veit, Werffen, Zell
Saxony, German province, 43, 91. See Chemnitz, Dietzdorf.
Schaumburg, German province. See Fischbeck.
Setzingen, town in Territory of Ulm, 107, 108
Silesia, German province, 43, 103
Sontheim an der Brentz, town in Territory of Ulm, 45, 131
Strassburg, city in Alsace, 20, 127
Switzerland. See Bachenbuelach, Basel, Bassersdorf, Bern, Berneck, Biel, Elgg, Ellikon, Fuellinsdorf, Grisons, Igis, Oberembach, Oberwinterthur, St. Gaul, Teuffen, Trimbach, Wallis, Walliswil, Weiach.

-T

Territory of Ulm, 92. See Albeck, Altheim, Ballendorf, Bechingen, Bermaringen, Bernstadt, Gaerstetten, Giengen, Hirnstein, Hoervelsingen, Holtzkirch, Langenaltheim, Langenau, Langensee, Leuzhausen, Merklingen, Moergenstetten, Nerenstetten, Niederstotzingen, Noerdligen, Riedheim, Setzingen,
Sontheim, Urspring, Weidenstetten, Zaehringen.
Teuffen, town in Switzerland, 138
Thuringia, see Poesneck.
Tirol, see St. Johann
Trimbach, town in Switzerland, 109
Tuebingen, city in Wurttemberg, 1
Tyrol, see St. Ulrich.

-U

Ulm, 70, 106. See Territory of Ulm.
Uspring, town in Territory of Ulm, 20

-W

Wallis (Valais), canton in Switzerland, 120
Walliswil, town in Switzerland, 104
Weiach, town in Switzerland, 77
Weidenstetten, town in Territory of Ulm, 3, 108
Werffen, town in Salzburg, 10, 22, 40, 56
Westphalia, province in northwestern Germany, 64
Weyer (Weiher), town in Nassau (now Alsace), 28, 60, 111
Weyerbach (unidentified), 105
Winkel, town in Canton Zurich, 20
Wurtzburg (Wuertzburg), city in Bavaria, 101, 102
Wurttemberg, duchy in southern Germany, 4, 19, 47, 118. See Augsburg, Blaubeuern, Bopfingen, Cannstadt, Degenstein, Fleinheim, Hengstadt, Hirben, Hoervelsingen, Kaufbeuren, Lindau, Magstadt, Memmingen, Michelsheim, Noerdligen, Ravensburg, Territory of Ulm, Tuebingen.
Wyla, town in Canton Zurich, 51

-Z

Zaehringen, town in Territory of Ulm, 26
Zell im Zillertal, area in Salzburg, 61

Zittau, town in Saxony, 91
Zurich, town and canton in Switzerland.
See Aesch, Baeretschweil,
Birmensdorf, Cappel, Ellg, Horgen,

Niederwenigen, Raffz, Rorbach,
Winkel, Wyla.
Zweibruecken, German principality, 72.
See Kirkel.

Domiciles in Georgia

-A

Abercorn, settlement downstream from Ebenezer, 7, 11, 16, 25, 30, 45, 48, 61, 64, 66, 67, 70, 76, 90, 117, 126, 129, 131, 136
Acton, Swiss settlement south of Savannah, 36, 39, 40, 42, 49, 68, 70, 91, 100, 110, 116, 126, 128
Altamaha, area around Altamaha River in southern Georgia, 48
Augusta, city on the Savannah, 92, 128

-B

Bear Creek, unidentified place in Georgia, 117, 118
Bethany, settlement upstream from Ebenezer, 4, 7, 8, 11, 12, 16, 17, 18, 23, 26, 34, 36, 37, 39, 42, 43, 44, 46, 53, 60, 62, 71, 74, 76, 77, 78, 80, 81, 84, 86, 87, 80, 89, 98, 101, 102, 107, 110, 111, 112, 117, 121, 124, 126, 131, 132, 136. See Blue Bluff.
Black Creek, German settlement near Abercorn, 13, 16, 37, 43, 53, 66, 75, 99, 106, 108, 115, 127, 137
Blue Bluff, site of Bethany, 44, 93
Briar Creek, area in Halifax, 35, 36, 68, 71, 77, 83, 92

-C

Christ Church, parish surrounding Savannah, 1, 6, 9, 13, 18, 23, 29, 39, 41, 42, 48, 53, 54, 64, 67, 70, 83, 84, 91, 94, 100, 101, 107, 109, 128, 134, 139. Includes Acton, Hampstead, Highgate, Lacey's Island, Pipemaker's Creek, Prethero's Bluff, Savannah, Skidoway, Vernonburg, Wassaw, Whitmarsh, Wilmington

Congarees, German settlement in South Carolina, 65, 97, 105, 138
Conoochee River, area southwest of Ebenezer, 71

-E

Ebenezer, Salzburger settlement, 3, 7, 11, 12, 13, 16, 18, 22, 23, 28, 30, 32, 34, 37, 40, 46, 48, 49, 61, 62, 64, 67, 69, 72, 73, 75, 76, 77, 80, 82, 83, 84, 94, 95, 96, 98, 99, 102, 107, 113, 114, 118, 120, 121, 124, 126, 131, 132, 133, 135, 136, 136, 137, 138

-F

Fort Argyle, fortress on Ogeechee River, 114
Frederica, town on St. Simons Island, Georgia, 18, 19, 20, 34, 57, 70, 75, 76, 77, 78, 80, 89, 92, 102, 104, 105, 110, 115, 127, 129, 132, 134

-G

German Village, settlement on St. Simons in Georgia, 17, 77
Goshen, area southeast of Ebenezer in Christ Church Parish, 6, 8, 16, 22, 32, 46, 47, 48, 53, 54, 60, 64, 71, 73, 74, 80, 81, 82, 90, 93, 98, 99, 109, 117, 118, 122, 125, 130, 132, 133, 134, 137

-H

Halifax, settlement upstream from Ebenezer in St. George Parish, 9, 26, 34, 35, 50, 59, 60, 80, 118, 121, 130, 136. See New Goettingen.

Hampstead, hamlet south of Savannah, 5, 13, 42, 52, 80, 89, 118, 120, 121, 123, 128

Highgate, hamlet south of Savannah, 39

-J

Joseph's Town, hamlet near Abercorn, 106

-L

Lacey's Island, island on or near Skidoway River, near Thunderbolt, in Christ Church Parish, 91

Little Ogeechee, area southeast of Ebenezer, 1, 5, 41, 91

-M

Mill District, area extending southeast from Ebenezer, 10, 11, 15, 25, 27, 45, 56, 61, 62, 64, 66, 67, 68, 70, 72, 73, 87, 94, 95, 99, 109, 113, 114, 120, 121, 136, 138

Mount Pleasant, settlement on Savannah River in St. George Parish, 3, 27

-N

New Goettingen, plantation in Halifax, 9

New Hanover, area on Satilla River, 70

-O

Ogeechee, area along Great Ogeechee River south of Ebenezer, 1, 23, 31, 37, 38, 49, 52, 68, 75, 81, 93, 99, 100, 103, 104, 123, 129

Orangeburg, German settlement in South Carolina, 18

-P

Pipemaker's Creek, area between Abercorn and Savannah, 53

Prethero's Bluff, settlement on Savannah River in St. Matthews Parish, 71

Purysburg, Swiss settlement in South Carolina, 7, 11, 14, 18, 22, 28, 49, 53, 54, 57, 59, 64, 70, 73, 74, 76, 77, 80, 93, 96, 98, 101, 113, 121, 122, 126, 129, 133, 134, 138, 139

-R

River Ness, tributary of the Savannah River, 6, 64

-S

St. Andrews, parish in Georgia, 118

St. George, parish in Georgia, 5, 67, 95, 121. See Mount Pleasant.

St. James, parish in Georgia, 2, 134

St. John, parish in Georgia, 2

St. Math = Saint Matthews Parish, area around Ebenezer, 1, 7, 8, 12, 18, 20, 23, 27, 30, 31, 35, 44, 45, 46, 48, 49, 51, 54, 58, 61, 62, 64, 68, 71, 74, 78, 79, 82, 87, 94, 95, 99, 109, 111, 114, 121, 127, 130, 131, 137, 138. Includes Abercorn, Bethany, Black Creek, Blue Bluff, Ebenezer, Goshen, Joseph's Town, Mill District, Prethero's Bluff, River Ness.

St. Paul, parish in Georgia, 5, 21, 54, 55, 68, 78, 80, 92, 114, 124

St. Philip, parish in Georgia, 68

St. Simons, island in Georgia, 129, 130. Includes Frederica, German Village

Savannah, chief city in Georgia, 1, 5, 14, 15, 19, 20, 23, 24, 25, 30, 31, 39, 50, 51, 65, 77, 78, 79, 84, 87, 98, 107, 117, 121, 125, 132, 138

Saxe-Gotha, German community in South Carolina, 1

Skidoway, island south of Savannah, 9, 54, 68, 94, 103

South Carolina, 71. Includes Congaree, Orangeburg, Purysburg, Saxe-Gotha.

-T

Turkey Branch, settlement in Georgia, 44

-V

Vernonburg, Swiss settlement south of Savannah, 1, 4, 5, 6, 13, 16, 17, 18, 19, 22, 23, 24, 26, 27, 29, 38, 39, 41, 42, 43, 49, 55, 56, 58, 59, 60, 62, 64, 65, 70, 72, 74, 85, 86, 87, 89, 94, 97, 98, 104, 105, 106, 108, 109, 120, 123, 124, 125, 126, 128

-W

Wassaw River, area on coastal islands, 18, 76
Whitmarsh Island, island east of Savannah, 117
Wilmington Island, island east of Savannah, 6

Rangers

(N.B. Page numbers are repeated if page contains two or three entries)
Rangers, mounted scouts, 3, 4, 4, 19, 24, 24, 28, 29, 29, 32, 39, 39, 39, 42, 46, 47, 50, 50, 52, 53, 53, 54, 54, 54, 55, 55, 56, 56, 57, 59, 63, 65, 68, 70, 71, 72, 72, 76, 83, 84, 85, 86, 86, 86, 94, 94, 102, 103, 103, 103, 105, 112, 116, 117, 118, 121, 122, 124, 133, 133, 136

www.ingramcontent.com/pod-product-compliance
Lightning Source LLC
Chambersburg PA
CBHW070944230426
43666CB00011B/2560